# 京都三十三間堂 通し矢列伝

弓道の心と歴史を紐解く

高柳憲昭

メイツ出版

# プロローグ

「通し矢」は、京都三十三間堂（蓮華王院）で行われた江戸時代の伝統的行事であった。三十三間堂の西外側の広縁で、三十三間（約120メートル）の軒下を、南端に坐って北端まで、強弓で競射し、一昼夜にどれほど射通せるかの競技であった。その当時、武士はその藩の名誉をかけて、腕を競ったものである。この通し矢は、もともと中世まで行われた正月の宮廷行事に、その源があるといわれる。とくに文禄年間、関白豊臣秀次が、通し矢を試みたが、残念ながら満足な結果はえられなかった。しかしその頃より、競射が盛んになり、やがて江戸時代に入り、天下の武芸者が、その名誉をかけて競争したことは、本書に詳しい。三十三間堂内の外陣に、多数の掲額があるが、それは江戸時代盛んであった通し矢の優勝記録として、掲げられたものである。

この通し矢の伝統を受け継ぐ競技が、現在全国大会として行われている。毎年一月の中旬の日曜日に、京都弓道連盟と三十三間堂本坊妙法院門跡とが、共催する競射会である。その年に成人を迎えた青年男女に、加えて主に全国から参加した有段者と大学生が、競射する大会である。矢を射る方向は、通し矢とは逆で、北から南に向かって競射することになる。なお、この日は、妙法院門跡にとって年間最大の行事である「楊枝のお加持」が、千手観音菩薩千一体を祀る堂内で行われていることを忘れてはならない。楊枝のお加持とは、参拝者に楊枝の浄水を注ぐ行事である。その起源は、清盛に三十三間堂の建立を命じた後白河法皇が頭痛持ちであったことから、霊木楊枝をひたした浄らかな水を頭に注ぐことで、頭痛が治ったという故事によるのである。

高柳憲昭先生の新刊『京都三十三間堂通し矢列伝』は、歴史ある伝統行事の通し矢の歴史とその栄誉を担った武芸者たちの顕彰碑である。しかも、現在競射に用いている弓と矢の日々進歩を遂げている制作にも光を当て、その苦労譚を記している。高柳先生は、日本アーチェリー協会の重鎮で、日本学生アーチェリー連盟を創立されたり、全日本アーチェリー連盟の設立に尽力されるなどされている。スポーツの指導育成の功により、平成10年には藍綬褒章、又、平成26年には旭日双光章を受章された。先生のこのご高著によって、日本弓道界に対する関心が昂まり、全日本弓道連盟や日本アーチェリー協会がますます発展されんことを期待してやまない。

三十三間堂本坊　妙法院門跡　門主　菅原信海

目次

京都三十三间堂

# 通し矢列傳

高柳 憲昭

字　島貫武彦

# 第一章
# 通し矢は不朽の美であった

浅岡平兵衛

## 忘れ去られていく運命にある「通し矢」

三十三間堂大的全国大会。華やかな振袖姿で弓を引く女性弓士の姿は、京都新春の風物詩として定着している。しかし歴史を遡ると、実はここには数々の知られざる秘話が隠されていた。

筆者は半世紀以上前の学生時代、京都三十三間堂の遠的大会に出場した頃、この場所で「通し矢」なるものが、行われていた事はすでに知っていた。モントリオールオリンピックのアーチェリーの監督を拝命した折、何とかメダルを獲得するため、一日に五千本の弓を引いた江戸時代の武士の体力の作り方を知りたかったからだ。

だが、いくら調査してもどこにもその手がかりが見つからなかった。しかし、分かったことは、平素厚さ一寸にもおよぶ強弓で練習していて、いざという時には、それほど強くない弓を引いていた事である。それをヒントに選手達には、強弓を練習し、体力を高めるよう指導した。

幸い銀メダルに輝いた道永宏選手（当時、同志社大学二年）は、腕立て伏せ四百回、腹筋二千回をこなす体力がついたが、それでも、一日五百射以上の弓を引くことは無理であった。時を経て、再度三十三間堂を訪れた時、修学旅行の高校生が多数見学にきていた。この学生の何人かに、西廊下に今も残る矢傷跡が何か尋ねてみたが、誰一人知る生徒はいなかった。この時、筆者は、ここに花開いた弓道の武芸の文化を、誰かが伝えていかなければならないという使命感のようなものを覚えたのである。これが本格的に「通し矢」を研究してみようというきっかけになった。

資料集めを始めると不思議なことに、実に多くの方々より協力の手が差し伸べられ、思いのほか多数の資料や文献がもたらされた。

三十三間堂通し矢の歴史は次第に忘れ去られていく運命かもしれない。しかし、江戸時代の武士達が命をかけて取り組んだ通し矢は、相撲や歌舞伎よりも大衆の心をつかんだとされ、その功罪多々あろうとも、「弓道は継続の武芸」と言われるように、我々の数千倍の矢数を成した名手達の射は、間違いなく不朽の美であった。

## 「京都三十三間堂通し矢」とは

京都名所の一つとして加茂川の東、七條の地に平清盛が後白河上皇のために寄進したとされる国宝・三十三間堂がある。この三十三間堂、正式名は蓮華王院と称し、東面して南北に拡がるお堂内陣の柱間が三十三あるということから、三十三間堂と通称される。三十三間堂の柱間は二間（三・六メートル）あるので、三十三間というが実際の距離は六十六間（約百二十メートル）ある。

後白河上皇の院御所であった法住寺殿の内に建てられ、創建八十年後に焼失したものの鎌倉期に再建された堂が現存している。堂内には国宝の千手観音坐像、同じく国宝の風神・雷神像や二十八部衆像に加え、創建時平安末期の百二十四体を含む千手観音立像が千一体も祀られており、圧倒される風情を醸し出している。

この堂の西側縁上にて、南端から北端に向け、この約百二十メートルの距離を床にも庇（ひさし）にも触れず矢を射通す競技を「通し矢」といった。なかでも「大矢数（おおやかず）」と称される、夕刻から開始し翌日の同刻までの二十四時間の内に何本射通せるかと云う競技は、町衆に大いなる人気を博した。

ここで新記録をうち立て天下一になった者は、堂内に掲額が許されるという名誉が与えられるばかりか、それが若者であろうが低い身分であろうが、属する藩主から二百〜五百石にて召し抱えられ、あるいは加増の栄に浴した。

江戸時代の泰平なる期において出世の道はただこの一事にありとして、全国の武芸者・武家子弟の血を沸かし、各藩の名誉とおのれの夢を賭け、命を賭して、この通し矢に挑戦したのである。

なかでも、徳川本家につながる尾州、紀州の二大雄藩による功名争いは、壮絶な戦いの記録を刻み続けた。

煌々たる松明（たいまつ）の炎に照らされ、うなりをあげ矢が飛んでいく様は、儒学者をして〝不朽の美〟と言わしめ、参加する藩のみならず、全国的な民衆の話題の中心となった。

桃山時代には実施されていたとされる通し矢だが、記録に残る慶長十一年（一六〇六）の浅岡平兵衛の五十一本から始まったとするのが通説である。この競技は、江戸時代の二百五十六年間を通じ出場者数延べ八百二十三名にも及び、その記録は和佐大八郎の八一三三本で頂点を極めた。まさに、弓が江戸期文化の華となったのである。

そして、人間は鍛錬次第で実に百六十倍もの成長進化を得ることが出来ると云うことを実証したのである。

しかし反面で、競技性があまりにもエスカレートし、一日千両とも云われる巨額の費用がかかる上、夢破れた若者のなかに自決する者が続出するなどの弊害が生じるなどとなったため、次第に通し矢の大矢数は行われなくなっていった。

現在でも京都三十三間堂の庇や柱には、数多く矢が刺さった痕跡が残るが、百二十メートルの距離をわずか五メートル前後の高さの範囲で、どこにも接触することなく射通さねばならないという、技術的に極めて困難であった通し矢の歴史を今に物語っている。

この矢傷の跡が、後世に生きる我々に何を教示してくれるのか、通し矢に命を賭けた武士の生き様とはどのようなものだったのか。

記録に残る通し矢の名手達の「列伝」（秘話）という手法を通じ、考えていきたい。

軒下の矢傷

## 京都三十三間堂通し矢（堂射）の幕を開けた男「浅岡平兵衛」

三十三間堂の通し矢がはじめて行われたのは、保元元年（一一五六）蕪坂源太基重によるものとされている。通し矢では、三十三間堂の両側後縁にあがることを堂に上るというのであるが、源太は芝生の上で通し矢の練習をしてから堂に上ったとされ、この芝生の上で通し矢の練習をする事を芝矢前（しばやまえ）といい、以後芝矢前をしてから堂に上るようになったとされている。

源太は最初、通し矢に失敗を重ねていたが、三十三間堂の本尊に祈願してから、見違えるばかりに通し矢に成功した事により、三十三間堂の本尊は弓矢の守本尊としてあがめられるようになり、現在では、受験生が合格祈願に毎年のように訪れるという。

保元元年から約四百五十年間に行われた通し矢は、当初は武士たちの弓矢の修行によって自分がいかに上達したかを試したり、神に願ったりするためのものであり、通し矢数を競うものではなかった。

浅岡平兵衛は松平下野守忠吉の家臣で、慶長五年（一六〇〇）関ケ原の戦いで、弓の名手として活躍し、千石の加増となった。彼は石堂竹林の弟子として弓術を学んでいた。矢数精義書や翁草などの古文書では、師竹林から通し矢をすすめられ、慶長十一年正月に五十一射を通し、翌日「通し矢五十一本奉射天下惣一　浅岡平兵衛　慶長十一年一月十九日」と記し、堂の外側に絵馬として吊るしたのである。

この天下惣一の文字が多くの武士の目にとまり、この話題に「なに五十一本で天下一だと！わしならもっと通せる」とばかり、強弓の名手たちが次々と通し矢に挑戦し始めたのだった。つまり、この浅岡の天下惣一の四文字が、通し矢の競技として幕末に至るまで二百五十六年間にわたり八百人以上の射手が天下一を競い合う、堂射という江戸時代最高の文化となっていったきっかけだったのである。

やがてそれは藩の名誉をかけたものとなり、命をかけた戦いに発展していった。最もそれを喜んだのは大衆であったが、その先鞭をつけたのは、浅岡であり、その掲額であった。

京都三十三間堂の矢数帳の最初に浅岡平兵衛の名が記録されている。

## ◆通し矢と絵馬

筆者はこれらの絵馬の実物を見たくなり、再度、京都三十三間堂に足を運んだ。そして京都妙法院門跡門主で、大僧正である菅原信海先生にお目にかかれることとなり、見学させて頂いたが、残念ながら、数十枚現存するすべての絵馬は真っ黒に変色し、何が書いてあるか全く不明なのである。つまり、これらの絵馬は、堂の外にかけられたので、雨にうたれ、変色してしまったとの事であった。

そしていつからかは不明であるが、射越し（天下一）になると、堂内に絵馬が飾られるようになり、前者のものを取り外し、己の絵馬を飾れる名誉が与えられたのである。

現在その絵馬として、星野勘左衛門と和佐大八郎のものが三十三間堂内で見学できる。

これらは畳一畳ほどの大きさで見事なものである。星野の絵馬は馬である。馬が神霊の乗物としての面が古くからある事は知っていたが、和佐の絵馬がどのようなものが分らず、菅原先生に詳しく教えて頂いた。

図の中央左の若武者に見える人物は、神功皇后との事。神と交感できる能力を持つ女性として、託宣に従って新羅を攻めた。この時大小の魚が寄り集まり船の進行を助けたとされる。新羅は皇后の軍団に圧倒され戦わずして降り、高句麗や百済もこれに倣った。この時、皇后は臨月を迎えていたが、石を抱いて産気を鎮め、帰国してから御子（のちの応仁天皇）を生む。

この皇后と御子の組み合わせは、やがて母子信仰に習合し、八幡宮の祭神となっている。前方で兜をささげ持つ人物は、武内宿禰（たけのうちのすくね）であり、四代の天皇に仕えたとされ大変な長寿で、忠臣として活躍したとされる。

残念ながら両者の絵は、レプリカであり、実物は大切に保管されており、一般的には本物は見る事ができない。そして天和二年（一六八二）七月十七日、令達により成人の大矢数は禁止となり、天下惣一の絵馬も終止符を打ったのである。天下一になり掲額された時は、大いなる喜びであったが、自分の記録が破られ額を取りはずされる時は大いなる悲しみがあったに違いない。

和佐大八郎の絵馬（タテ1070×ヨコ1450mm）

星野勘左衛門の絵馬

## ◆少年たちの三十三間堂

成人の大矢数（二十四時間）での天下惣一が禁止され、諸藩は通し矢で勝利することへの興味を失い、堂射は消滅するかに思えたが、実はそうならなかった。日矢数（十二時間で射る）を試みる者は増加し、さらに三十三間堂にはじめて少年たちの半堂開基がなされ、これより十五歳以下の少年たちが大勢三十三間堂に登場する。半堂とは、三十三間（百二十メートル）の半分、つまり六十メートルのところから射通す競技である。半堂大矢数、半堂日矢数半堂百射など次々に開基され、力丸大吉郎はわずか四歳で百射四十一本を通した。また大矢数では紀州の小田金吾は十一歳にして一万一千九百五十射のうち一万一千七百六十本を通したなど、今では考えられないような記録を作り、こうして堂射はますます盛んになっていった。これらは先人たちがそれぞれ優秀な弟子を育成したことによるとされる。

こうした傾向の中で明治維新を迎えたのである。しかし、力丸はじめ素晴らしい記録を作った少年たちが成人して名のある射手に一人もなっていないのが大きな謎である。

コラム

# 豊臣秀次と通し矢

豊臣秀次は戦国時代弓の名手として有名であり、現在に踏襲されている弓の長さを七尺二寸に決めたのも秀次と言われている。

秀次の母は秀吉の姉瑞龍院日秀であり、秀次は天正十三年（一五八五）に秀吉より近江、大和など四十三万石を与えられて近江八幡山の城主となっている。城下に日本最初の下水道をつくるなどして、当地では名君とされた。やがて秀吉から関白職を譲られ、豊臣家の相続をも約束された。しかし、秀吉の側室淀殿が秀頼を生むと、秀次は秀吉に対して謀叛を企てたとされ、流された高野山金剛峯寺で切腹に追い込まれた。

江戸時代の諸書では、秀次は弓や鉄砲の稽古のため、往来を通るものを召し捕らえて的がわりにしたとか、妊婦の腹を割いて胎児を取り出して眺めたといったことが記されている。しかし、これらの類は石田三成らが後から作ったことのようで、事実は、秀次は多才な人物で、弓術や歌道を良くし、もし秀頼が生まれなかったら立派な天下人として活躍したであろう。「矢数精義書」などの古書によると、秀次と通し矢のエピソードが記されている。

秀次は弓術をこよなく愛しており、あるとき、老臣堀久太郎を連れて京都三十三間堂を訪れ、通し矢を試みたが、何本射ても一本も通すことができなかった。

このとき、検見（けみ）役として松井参河永信とその子左京永忠がこれにあたった。

堀久太郎は、秀次が一本も通せぬとあっては名にかかわると、一本通したことにしてくれと頼み込んだが、松井は、「たとえ命にかかわるとも、通せぬものを通したと言うことはできませぬ」と答えたのである。

結局、秀次は一本も通すことができなかったが、この検見役の松井家の態度にいたく感心し、代々松井家に検見の役を務めるようお墨付きを与えた。このことがあって、京都三十三間堂通し矢の検見役は松井家が務めることとなったのである。松井家は、以後、決して賄賂など受け取ることなく、代々その任を立派に果たしたとされる。

さて、この三十三間堂通し矢の検見役＝審判員について説明してみたい。

射た矢が、どこにもあたらず百二十メートルを通ったかどうかの審判は、堂見（どうみ）と検見役があった。矢の通否を判定する役を堂見と言い、次の六派より一人ずつ選出された。出場する射手と同派から一人、その他の流派より一人の二人が選出され、その日の審判にあたる仕組みであった。六派とは、印西派、寿徳派、道雪派、大蔵派、竹林派、雪荷派であった。そして、審判長の役として検見役があり、これは通し矢の最終的判定を行う人物として松井参河がいたのである。

例えば、堂見役の二人の判定が異なった場合などに最終的判断を下すのが検見の役であった。検見の判定は誰も覆すことができず、神のごとき権力を有していたようである。

以後、秀次は二度と三十三間堂を訪れることはなく、高野山に流刑となり、最近の研究では、秀吉によって切腹させられたのではなく、自ら謀叛など企ててはいないことを証明するため腹を切ったとの説がある。

# 第二章 通し矢列伝①

# 江戸期に「通し矢」に挑んだ名人たち

吉田大内蔵
杉山三右衛門
杉山三右衛門

## 江戸初期の通し矢の英雄「吉田大内蔵」

吉田大内蔵は名を茂氏といい、父業茂の三男として天正六年（一五七八）に生まれた。

父の吉田業茂は金沢藩士で吉田流出雲派の弓射の名人で、始め関白豊臣秀次に弓を教え、後に前田利家に仕えた。茂氏は父に師事し、前田利恒に仕え、大坂の陣において弓で見事な軍功を立て、千四百石に加増された。何でも、百間先の敵の大将を三人も弓で射倒し、近づいてくる敵を一矢で二人の首を射抜いたと言われている。茂氏は江戸時代に入っても、日夜射術に精進し、堂前の大射士として、京都三十三間堂通し矢に七回挑み、何とそのうち六回天下一となった。一人で三回天下一になった射手は三人とあるが、六回天下一になった者は吉田大内蔵ただ一人である。

吉田流中興の名人と賞賛され、世の人々はこれを大蔵派と呼び、金沢藩独特の隆盛を誇った。「本朝武芸小伝」「武将感状記」「今枝夜話」や、加賀藩史稿などに逸話がみられる。

当時の人々は彼を「射芸の鳳」と称えた。大内蔵の弓射に対する心構えは「常に悠然として決してあくせくしない。」「弓は心直にして立てば、的の方から呼びかけがある。それに応えて放てばよい。当たる当たらぬはどうでもいい事だ」と、子弟たちに常日頃から教えていた。面白い逸話として、次のような物がある。

ある時、「自分は名人中の名人、弓を取っては誰にも負けた事がない」と自称する大男がやってきて、当時名人との噂高き大内蔵に仕合を挑んだ。男は三人張という強弓を引き「兜」

など前から後ろに突き抜ける事はたやすいと言い、その日の仕合は槐（えんじゅ）という樹木の中で最も堅い木の幹を射抜くかどうかというものだった。今まで槐の木にささる事はあっても射抜いた者はいないという。

大男は強弓をきりきりと引き絞り、ひょうと放てば矢は軽々と槐の幹を射抜いて向こう側に落ちた。大内蔵はその挑戦に受けて立ち、大男が槐の木を射抜くのを見極め、少しも慌てず、あろう事か強弓でなく、あり合わせの白木の弱弓を手にした。ひらりと矢を放つと、矢は誤らず槐の幹を射抜き、その矢は大男のそれよりはるか彼方の垣根まで飛んでいった。

「我こそ天下一の強弓で弓の名手と自負しておりましたのに、白木の弱弓で同じ腕前を見させて頂きました。到底私の及ぶところではありませぬ。恐れ入りました。」と男は言って、そそくさと立ち去ったのである。弟子たちが後から穴を確かめたところ、穴は一つしか開いていなかった。大内蔵は、大男の射抜いた穴を射通したのだった。人々は、弓に対する自信のほどと矢の太さの穴を狂いもなく射通す大内蔵の技をまさに神業と称えたのである。

弓の技術とその力量はまさに天下に並ぶ者なく、その上いつも謙虚な人柄は大勢の人に好かれていた。

彼は容貌魁偉にして、沈毅胆略であり、大坂の役の際左手の指三本を負傷したが、射の妙技に何の変化もなかったという。

彼は慶長年間に通し矢二三四本次いで三八四本と二回天下一になり、元和六年（一六二〇）に五八四本、続いて元和七年に七五六本を射通し、四度天下一になっていた。当時は人間の力では一昼夜で千本射通す事は不可能と思われていた。だが吉田は四回の日本一に飽き足らず、何とか千本以上射通す道があるはずと日夜考え、練習に励んでいた。

## ◆吉田大内蔵、銅板入りの弽を発明

（大和流「射術稽古門書」や大和流弓道天之巻）などに吉田大内蔵は「銅にて大指の形をしてぬいくるむ」と書かれている。また「弽をも工夫し、銅を入れて試み、銀を入れてつくりしかと、皆こたえがたし」ともある。このように、研究の結果、彼は銅板入りの弽を発明し、元和九年ついに総矢数二〇八七射中一三三三本を射通し、見事五回目の天下一を成し遂げた。なお京都三十三間堂年代矢数帳には元和九年の吉田の記録からはじめて総矢数が記録されている。※注：弽とは弓道をする時に右手にはめる用具のこと

そして遂に寛永五年（一六二八）、総矢数二七七〇射のうち一七四二本を通し、六度目の天下惣一を成し遂げたのである。通し矢における弽の歴史を調査すると、最初は和帽子、次に銅板入りの弽、次いで銀入りが作られ、長屋忠左衛門により角入りの堅帽子（日月星巻）、次いで宮崎伊太夫が四つ弽堅帽子を発明した（矢数精義書）とされているが、諸説あって定かでない、当時は他藩にもれないよう極秘にされていたためである。確かなことは、通し矢のために堅帽子が作られたことである。

江戸時代、戦いの場では、これらの堅帽子は使えず（槍や刀を持てないため）、そのため、

通し矢は戦いの役に立たないという説もあった。

吉田大内蔵は弽の改良ばかりでなく、弓の村取り（太い弓を手の大きさに合わせて細くする事）も彼の工夫で成された。こうした意味でも後世に有益な影響を残している。晩年は大蔵派の統師として多くの門人を指導し、金沢藩の弓術の発展に寄与した。

正保元年（一六四四）、五十七歳をもって没した。吉田大内蔵は別名吉田大蔵とも呼ばれ、その驍名は全国で知らない者はなかった。

## 最も苦労して夢をつかんだ男「杉山三右衛門」

通し矢で天下一になると、三百石～五百石の武士になれることは江戸時代の通念であった。しかし例外もあった。これはその秘話である。

南紀徳川史によれば、杉山三右衛門の父半助は徳川に従った三河武士であり、紀州の徳川頼宣に仕えていた。武士とはいえ最も微禄の最下級武士で、その日の米にも困る生活であった。戦いのない今、この現状から抜け出すには、三十三間堂通し矢で天下惣一を成し遂げる以外道はなかった。そこで半助は我が子に四歳の時から弓を教えた。三右衛門の弓の才能は並外れたものがあり、めきめきと上達していった。

彼は、十歳にて知り合いに依頼し、名射手達が練習する折掛射場にて、矢拾いの仕事を得て、わずかな金をもらって家計を助けていた。朝早く射場に行き、射手達が練習に来る前や帰った後も残って秘かに練習を続け、家では夜、古畳を何枚も重ね、そこに矢を打ち込む練習を重ねていた。名射手の技術を間近に見る事ができ大いに役立った。

こうして二十歳になった時、杉山は幼馴染の奈々重と結婚した。まもなく二人の間に玉のような可愛い男の子が生まれた。しかし幸せな生活の一方、杉山の父は病を得てその薬代もかさみ、生活は苦しくなる一方であった。

奈々重は、細い肩に子供を背負いながら、夫の射た矢を拾って杉山の練習を助けた。

夜は傍らに子供を寝かせ、二人で矢を作り、生計の足らざるを補った。二人は暗い家の中で灯りをともしながらの作業中、「奈々重もう少し辛抱してくれ。必ず天下一になって、そなたを輿に乗せ、人から夫人と呼ばれる身分にしてやる」「あなたを信じ、いつまでもお待ちしております」というなぐさめを繰り返す毎日であったが、いっこうにその時はこなかった。というのも実は訳があった。ひときわ目立つ美人であった奈々重に横恋慕した男が、弓役の頭をしており、紀州一を決める大会で、いつも数を操作して杉山を陥れていたのだった。

ここに至り、杉山は父の死を機に、紀州を去る決意を固め、尾張の知り合いを頼り、その伝手で石堂竹林貞次に弓の指導を願い出た。

その射を見て、竹林貞次は一目で並の射手にあらざることを見抜き、すぐさま、尾張候に願い出て、平石弥右衛門の同心にとりたててもらい、後に弓役に推挙した。

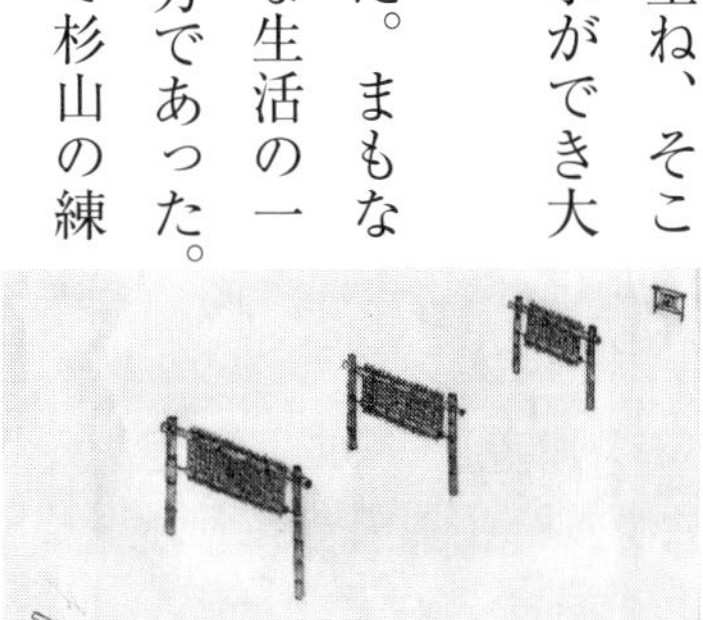

折掛射場　　イラスト　夏目明彦

杉山は、竹林の熱心な指導もあり、めきめきと実力をつけ、ついに折掛射場にて尾張一の通し矢記録を出し、三十三間堂にて寛永八年（一六三一）三月二十九日総矢四九五一射、通し矢二七八四本を射て、久しぶりの天下一を尾張藩にもたらしたのである。

さて杉山は、尾張に帰り、妻奈々重と抱き合ってこの快挙を喜んだ。「奈々重、ついにやったぞ、苦労をかけたなぁ。」「あなた、おめでとうございます。夢が叶いましたね。」子供を背負い、矢を拾い集めていた時や夜なべでの矢の修復の内職の日々が思い出され、二人共思わず涙が溢れ出るのだった。

これでようやく妻を「輿に乗る夫人にしてやれる」と思った杉山であったが、褒美として太刀一振りが与えられたのみで、いつまで待っても三百石の加増の話はなかった。

杉山は元紀州に仕えていたといういわゆる「余所者」であったので、いつ紀州に舞い戻るとも知れず、加増はしばらく見合わせることとされたのだ。

杉山はこれを知り、大いに落胆したが、かくなる上はと、更に努力を重ね、真に尾張の武士と成りきることを示さんと、決意を固めたのだった。杉山の天下一を知った紀州は、秘かに人をつかわし、杉山に紀州に立ち戻れば加増すると誘いをかけたが、杉山の心は変わらなかった。この頃、尾州では天才長屋六左衛門がめきめきと頭角を現し、天下一を杉山、長屋、それに庄内の高山、吉井の四人が交互に争い、寛永の四天王と呼ばれる活躍をした。そこで杉山は二度目の天下一を成し遂げた

イラスト　大塚志郎

が、その時も紀州からの誘いの噂が災いしてか、またしても加増がならなかった。

二人の天才を抱えた尾張藩の天下は続き、それに対し大藩紀州の面目は無く、紀州は改めて、杉山を失った大きさを痛感していた。

杉山は三度目の天下惣一を成し遂げたが、すぐに庄内の高山にそれを奪われる結果となり、その為か、又しても加増の通達は見送られた。

四天王の争いは、長屋が寛永十七年四月十六日総矢数九六五三射中六三二三本を射越し、その後しばらくこれを破る射手が出なかった為、長屋はここに三百石の加増を賜り、尾州竹林派の総師として尾州弓術の指導を任せられ、杉山はその補佐役として指導を命じられたが、今もって加増の通知はなかった。

杉山はよく長屋を助け多くの門人を育て、長屋と二人で大天才星野勘左衛門の天下一に大きな貢献をした。

そしてここに至り、ようやく寛文十一年（一六七一）三の丸の門番頭となり、三百石を賜った。杉山の尾張に対する心と、彼の偉業が改めて認められたのだった。

杉山と奈々重の長年の夢がついに実現したのだった。二人は手を取り合って涙した。

この日まで、汗や涙とともになんと多くの月日が流れたことであろうか。

奈々重は長年の苦労の末、玉の輿に乗り杉山夫人と呼ばれる身分となったのだった。

苦難によく耐え成功した杉山の人柄を海内の人々は賞賛した。

杉山の加増、それは星野勘左衛門が八千本を通し、天下一を取った二年後のことであった。

コラム

# 江戸時代の弓矢場

過日、アサヒ弓具店に弓に関する古文書がダンボール五箱も大切に保管されていると聞き、その中に通し矢の資料があるかもしれないと思い、伺って丹念に調査させて頂いた。その結果、江戸三十三間堂の矢数帳の写しなど、いくつもの素晴らしい資料が発見された。特に中でも目を引いたのは、下図のような江戸時代、深川にあった江戸三十三間堂の絵図面である。

この図を見ると、射手の射る場所が京都と異なり、雨が降っても射手や介添に影響を及ばさぬよう屋根を設けた部屋状の造りとなっている。さらに図の左端に描かれているように、縁の端（矢の落ちる辺り）が、尺七寸ばかり下げてある。この勾配分、通し矢には有利であった事が想像できる。そ

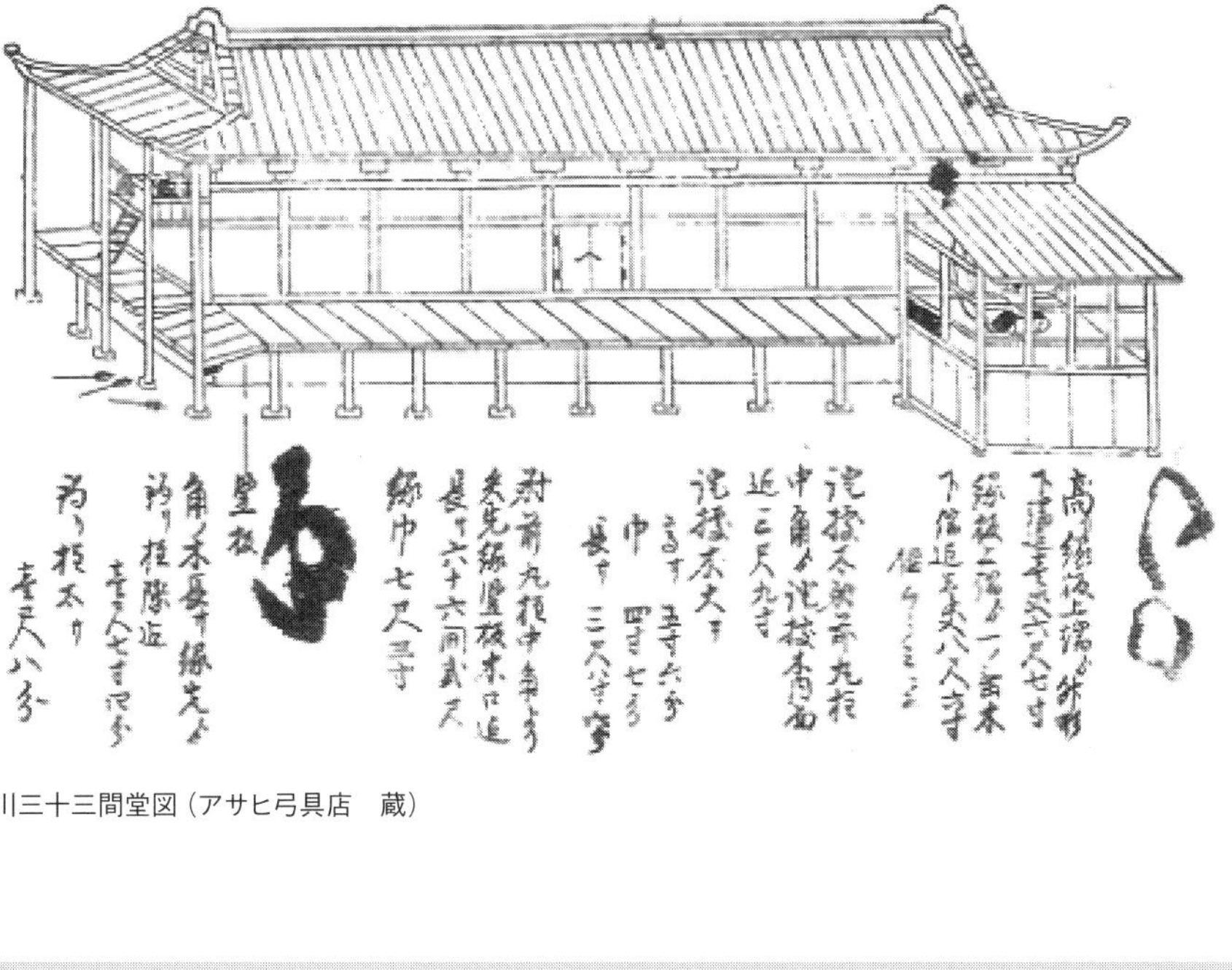

深川三十三間堂図（アサヒ弓具店　蔵）

のためか世間では、江戸三十三間堂の方が京都三十三間堂より距離が短いといった噂が流れていた。しかし、同時に発見された古文書（アサヒ弓具店蔵）によれば、このような噂は全くの間違いで、実際は京都とまったく同じ長さ（六十六間）であると記述されている。

さて、江戸時代の弓射場には現在のような弓道場は無かったと思われる。一方、通し矢で日本一になれば、三百～五百石の武士に取り立てられるとあって、各地に通し矢の練習のための射場が作られていた。

一、折掛射場

この射場の作り方は、竹を六本用意し、これを三対にし、三か所に七尺三寸（二・一九米）幅に立て、対にした竹の上端に、三十三間堂の垂木の高さ（約五米）あたりに縄を張るのである。

この射場は、費用がさしてかからないので、全国いたるところに作られたと思われる。

二、堂形射場

堂形射場は、木材を使い、京都三十三間堂と同じように造られた射場である。

この射場は、折掛射場と異なり、高額な費用がかかるので、経済的に豊かな藩しか造ることができなかった。実物は、現在どこにも存在していないが、確かに造られていたと分かっているのは、紀州・尾州・仙台・江戸・松江の五か所とされている。一般的に、折掛射場で練習し、次に堂形射場で練習した後、三十三間堂にチャレンジしたようである。

## ◆江戸と京都の通し矢の違い

京の通し矢が盛んになるにつれ、通し矢の評価は高まるばかりだった。これに応じ、江戸でも三十三間堂を造る機運が盛り上がっていった。三代将軍徳川家光の時、松平伊豆守と天海僧正が発起人となり、寛永十九年（一六四二）五月江戸浅草に三十三間堂が開設された。敷地六二四〇坪が徳川家から下賜され、東西四十八間（八十六・八八メートル）・南北百三十間（二百三十五・三メートル）の広大な土地に堂が建立された。

この通し矢の記録更新者は「江戸一」と称され、京通し矢の天下一に対抗した。

しかし浅草の三十三間堂は、一六九八年の江戸大火に巻き込まれ類焼してしまい、通し矢も中止せざるを得なくなった。その後、深川の富岡八幡宮の東側に、三十三間堂は再建された。通し矢は、元禄十五年（一七〇二）に復活し、幕末まで続いた。江戸三十三間堂は、深川に再建されてからも、再三、台風・地震・火事等により破損したが、いずれも堂は修復されたり、再建されたりした。これらは、民間に任されたようで、費用的には使用料を取って運営していた。

現在、深川三十三間堂のあった跡地には石碑が建立されている。その場所は、江東区富岡一―十五―六にある。

当時、天下惣一を名乗れるのは、京都三十三間堂であるとの決まりがあり、江戸でこれを上回る記録を出しても、単に「江戸一」と呼称するのみで、そのため失敗しても腹を切るようなことも無かった。特に大矢数（二十四時間）の競技では、和佐大八郎の八一三

写真　浜田敏男

三本に対して、江戸の最高値は、姫路藩の鶴田辰太郎の五五八三本で大差があった。しかし、半堂（六十メートル）の少年達の記録は京を上回る記録も見られる。

関東以北の藩では、江戸の方が近く費用も安くあがるため、京よりも江戸通し矢に参加した回数は圧倒的に多い。

羽前庄内なども、京の十四回に対し、江戸には二十二回も参加している。また江戸に最も遠い九州地方でも、江戸に多く参加している藩もあり、単に近いという理由だけが藩の判断ではなかったことも伺わせる。

江戸でも力を試したいという気持ちもあったろうし、参勤交代で江戸に滞在する藩主の眼も意識されていたのかもしれない。

江戸の通し矢は、元禄になるあたりから、半堂の少年達の活躍も目立ち始める。例えば元禄八年四月二十一日、石井友之進は十一歳にして半堂惣矢八〇〇〇本の内、通し矢七八〇一本を射越したと記されている。十歳前後の少年達の記録と参加者は次第に多くなり、当時いかに少年達が通し矢にチャレンジしていたかが推察される。京都三十三間堂通し矢の最年少記録は、石丸大吉郎の四歳であったが、江戸の最年少は西原次郎太郎の五歳で、寛政八年五月六日に百射中三十六本を通している。また、大沼虎之助（六歳）は、弘化三年に半堂百射中九十八本を通している。現在では、とても考えられない数字である。

（以上、「江戸三十三間堂通し矢矢数帳」及び「近世日本弓道の発展」参照）

いずれにしても、京・江戸の二大メッカにおいて通し矢は隆盛を極めたのである。

## 第三章　通し矢列伝②

# 藩の名誉と命を賭けて挑んだ名人たち

高山八右衛門
長屋六左衛門忠重
吉見台右衛門

## 東北の雄　寛永の三羽ガラス「高山八右衛門」

東北地方は遠方であるにも関わらず、京都の通し矢に参加した藩は七藩、計二十五名を数える。この中で最も通し矢が盛んだった藩は仙台藩（六十二万石）であった。何故なら当時日本に五か所しかなかったとされる堂形射場（京都三十三間堂を模した射場）を有していた事でも分かる。しかし矢数帳を調査しても、仙台藩で通し矢で天下一になった射手は一人もいないのである。それに比し、四回も天下一を成し遂げたのは、わずか十三万八千石の庄内藩であり、東北地方では他に例を見ない。何故このような立派な成績を残せたのであろうか。史実を調査してみた。すると庄内藩主、酒井忠勝（将軍家光に仕えた老中酒井忠勝とは同姓同名ながら別人）の通し矢に対する並々ならぬ情熱と努力を伺い知る事ができる。そこで、史実を基に秘話を創ってみた。

関ヶ原の戦いの後、元和八年（一六二二）庄内地方の支配者であった最上氏が改易となり、かわって譜代大名の酒井忠勝が信濃国松代藩より十三万八千石として入府した。

藩庁は鶴ケ岡城とし、現在の酒田市に亀ケ崎城を配置し、庄内藩を形づくった。忠勝が多勢の家臣団を連れ庄内に入ったのは、十月のことであった。

酒井は、早速馬を駆って部下と共に自領内を回った。東北ゆえに寒々しく貧しい藩領と想像していたが、実景は様相を異にしていた。庄内平野は、信濃でも見たこともない広々とした見事な農地の景観を描き出していた。北東部に鳥海山、南東には月山がそびえ、東部は断層崖で出羽山地に接する。西部には、日本海に臨み延長約三十五キロ・最大幅三キロの見事な庄内砂丘があった。信濃松代の領主であった忠勝は、このような砂丘を見たこともなく、その雄大さに目を奪われた。

山多き信濃とは異なり、見渡す限り拡がる庄内平野は南北約五十キロ、東西は南部十六キロ、北部で六キロの平坦地で、面積は約五百三十平方キロほどもあった。その平野中央のやや北部寄りを最上川が東西に貫流し、日本海に注いでいた。

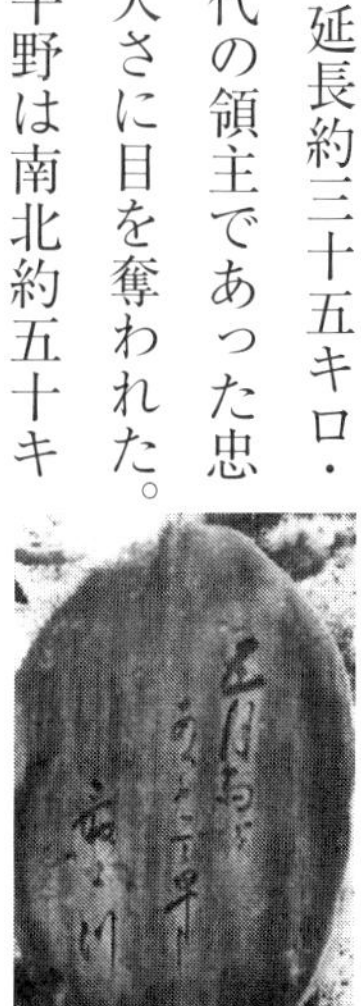
芭蕉が最上川を詠んだ句牌

松尾芭蕉が「五月雨をあつめて早し最上川」と詠んだように、秋ではあったが滔々と豊かな水量を運んでいた。

北の土地なので寒いところと思っていたが、庄内平野の気候は対馬海流の影響を受けて温暖で、積雪量も少なく、何よりも日本有数の米作単作地帯であり、美味しい米を大量に生産していた。この米は酒田港から積み出され、北前船などによって各地に運ばれるとともに、帰り船には衣料・食塩・にしんなどの海産物が積まれ、財政環境は想像以上に豊かであった。

忠勝はこのような豊かな土地を大いに気に入り、この庄内藩を東北一の藩に育ててみせようという意欲に燃えたのである。

城下町の街割りを終えた後、藩の名を高める良き方法はないものかと考えた結果たどり着いたのが、京都三十三間堂の通し矢における日本一を目指す、ということであった。戦いのなくなった今、名声を獲得するには通し矢日本一をおいて無かったのである。そのためには何をしたらよいのか、忠勝は考えた。

一　良き人材を集め育成する
二　良き指導者を招く
三　優れた用具を用意する
四　藩の総力をあげて資金を用意する

これらの事を、直ちに実行に移したのである。

まず、少年狩りとまで云われたものの、十五歳以上で体力に優れた少年たちを一堂に集め、選りすぐりの集団指導体制を整えた。弓ばかりでなく、学問も授けた。この考えが、後の藩校「致道館」の創設につながる。良き人材の育成を重んじたのだった。

忠勝は、通し矢の指導者として仙台家臣であった山科派の名人、片山平右衛門（家延）にその指導を任せた。

その片山平右衛門が指導した庄内藩子弟の中に、ひときわ抜きん出た異常なほどの身体能力を持つ少年がいた。これが、高山八右衛門である。高山は、村祭りの相撲大会少年の部で優勝し、さらに祭りの行事として行われる俵担ぎ（俵を担いで走る競技）では、大人の中に交じり優勝した程の力量の持ち主だった。

高山は片山の指導により、めきめきと実力をつけ、そして、いよいよ三十三間堂に挑戦する時が訪れた。藩主は、遠い道のりゆえ北前船を使い京に上ることを考えたが、当時北前船は一年に一航海しかなく、大阪に上る時期は八～十月頃であり、四月五月に北前船を使うことは不可能であった。

当時は、およそ三十キロを一日で歩いたが、それでも京までの往復で一ケ月以上を要し、交通・宿泊の費用だけでも莫大であった。

こうしてまで挑んだ高山の最初の挑戦は、寛永六年（一六二九）三月三十日、三二〇〇射中一二六六本通し矢という平凡な記録だった。

次に、寛永七年（一六三〇）四月十九日に三〇十三射（通し矢一〇八八）、寛永八年三月二十七日でも四一一四射（二〇二五）と成果を残せず、再起を期し臨んだ二年後の寛永十年（一六三三）三月二十六日（二七七六射中一三〇八）、同四月二十一日（五一〇七射中二七〇四）でも結果を残すことができなかった。

四回目の出発の前、酒井は高山を呼び、お前は将来必ず日本一になる実力を有している。だから四回・五回と失敗したとて決して自決などしてはならぬ。これは藩命である。と、きつく言い聞かせた。この暖かい言葉に感動した高山は、五度の失敗にも自決することはなかった。

こうして高山がなかなか成果を残せないでいたこの時、高山にとって手ごわい競争相手が庄内にやってきた。高山がもっと良い成績をあげるためには、ライバルが必要と考えた酒井忠勝の差配であった。その男、吉井助之丞という。

吉井は、山城国（現在の京都府南部）生駒壱岐守の家臣だったが、当時最も通し矢で活躍していた加賀の吉田大内蔵の一番弟子である、大蔵派の掛下自斎の指導を受けていた。自斎は、当時極秘とされた師吉田大内蔵が発明した銅板入りの喋を用い、見事な指導ぶりをみせていた。

この優れた喋の効果もあり、吉井は寛永六年（一六二九）三月二十六日、さらに同十年（一六三三）四月十三日に京都三十三間堂で総矢数五一〇〇射の内、二〇四三本を通し、堂前二十六人衆の内のひとりと称えられ、天下無双とも呼ばれていた。

そのような男に忠勝は四百石を掲示し、師範掛下自斎共々招聘したのである。

庄内藩主酒井忠勝は加賀藩（賀州）前田家とよしみを通じていた。

後には五代酒井忠寄が妻を前田家から迎え、老中として幕閣の一翼を担ったほどである。

そんな縁もあり、賀州の自斎とその自慢の弟子吉井の自藩招き入れに成功したのである。

計五回の挑戦に失敗し、六回目をしくじったら腹を切る覚悟でいた高山八右衛門にとって、吉井の登場はその闘争心を煽るに充分の存在となった。

藩主忠勝の仕組んだ競わせ合いは、見事な成果となって結実した。

高山が決死の覚悟をもって臨んだ寛永十一年（一六三四）四月二十四日の三十三間堂の大矢数。総矢数五三二〇射内通し矢三一五一を射越し、見事庄内として初めての天下一の額を掲げる事に成功した。

この高山の報に接し、藩主は勿論、庄内の人々がこぞってその快挙を喜んだ。

高山は、この功により三百石の武士となったが、同時に庄内の小野小町ともうわさされた庄内一の美人・絵里佳を妻として迎える幸運にも恵まれた。

東北で日本一となったのは、高山が最初であった。しかしこの記録も、翌寛永十二年四月三日に、尾州の杉山三右衛門に射越されてしまう。

一方吉井助之丞も高山の栄誉を見ているだけという訳にはいかない。負けずに吉井も京に上ることとなり、寛永十二年四月（五四〇四射中二八八八）と寛永十三年五月（六四二六射中三二八八）と失敗した後、寛永十四年（一六三七）三月十三日ついに天下一を獲得した。総矢数六二八五射、通し矢三八八三本であった。

忠勝が重用し競わせた高山と吉井が最も見事な活躍を示したのが、寛永十四年三月だった。通し矢の歴史をたどれば、この年が最も白熱し〝通し矢の華の盛り〟といえる時期であった。後に星野勘左衛門が八〇〇〇本の大記録を打ち立てた後、一七年間も記録が破られなかったのに対し、星野が現れる三十年ほど前となるこの年寛永十四年は、一ケ月に四名もの天下一が誕生して入れ替わったのである。

見物する人々にとって、これほど興奮した年はなかったであろう。

人々は、この戦いに言葉で参戦した。

高山・吉井の庄内と杉山・長屋の尾張の対決を「竜虎の争い」と称し、この四人を「四天王」と呼んだ。

高山と杉山と長屋は、前後して互いに日本一となったので、この三名を「寛永の三羽ガラス」とも称した。

寛永十四年三月の記録を振り返ってみよう。

三月十三日　吉井助之丞（庄内）
　　総矢数六二八五射、通し矢三八八三本　射越
十五日　長屋六左衛門（尾張）
　　総矢数七一八〇射、通し矢四三一三本　射越
十八日　杉山三右衛門（尾張）
　　総矢数七六一一射、通し矢五〇四四本　射越
二十四日　高山八右衛門（庄内）
　　総矢数七六二六射、通し矢五一九七本　射越

わずか十日あまりの間に四名が天下一を奪いあったのである。

庄内・尾張両藩主も、このため日本一となってもすぐに賞を与えることが出来なかった。長屋も杉山も、たちまち高山に天下一を奪われ、そのため微々たる恩賞しか与えられなかった。

庄内にとって、高山と吉井の活躍は天下に庄内の名を高めた功績大であった。

吉井は、天下一となった二日後に長屋六左衛門に射越され額を掲げる時すらなかったものの、その記録を評価され四百石から六百五十石に加増された。

一方高山は、その後二年間彼を超える者が現れなかったこともあり、家老並みの九百石という途方もない石高をもって遇されることとなった。

なお天下一の記録は、尾州十二回・紀州十二回で並び、賀州の十回に次ぎ庄内酒井藩が四回で四位に位置している。

僅か十三万八千石の大名が、その五倍もの石高を持つ尾張藩の心胆を寒からしめた功績を世の人々は絶賛した。

この戦いはその後も続いた。

二年後の寛永十六年（一六三九）に長屋が九八〇〇射中五九四四本、高山が八八〇四射中六一五四本の射越し合いというすさまじい戦いとなった。

この間高山は、さらに百石加増され、ついに千石の弓組物頭となった。

しかし、翌年の十七年にまたもや長屋が九六五三射の内六三二三本を通し、高山から天下一の称号を奪い取った。

（ちなみに、この長屋の記録は、吉見台右衛門に破られるまで十六年間続くこととなる。）

さすが豊かであった庄内藩の財政も、日光東照宮修理の割り当てによる多額の出費などもあり、通し矢に今まで通り自由に資金を使う訳にはいかなくなった。

長屋に射越された後、藩は通し矢の目標を京都から江戸に移した。

その後、江戸三十三間堂に二十二回も射手を送り込んでいる。

常に豊かな米の生産が通し矢を支えることが出来たということからも、庄内藩は最後まで通し矢に情熱を持ち続けたのである。

結果的に京都における天下一は、尾州の長屋が制する形となったが、高山は決して力が衰えたということではなかった。

戦い終った吉井助之丞は、その後二代藩主忠当の弓術を指導し、子孫代々庄内藩の弓組足軽物頭をつとめる礎を築いた。

高山も吉井も、庄内の弓術指導者として多くの弟子を江戸三十三間堂に送っている。

## ◆高山八右衛門、京都に行く

高山は、三度もの日本一となった功績により千石取りとなっていたが、決して奢ることなく謙虚な人柄であった。

貧しい足軽の身から一千石取りの身分となり、弓も剣も追随者とてなく、美しき絵里佳夫人と共に書や和歌を嗜み、弓の指導者として人も羨む生活が続くかと思われた。

しかし、そんな幸せも長くは続かなかった。

これまでの無理が祟ったのか、眼を患い、ものがよく見えなくなってきた。

そのため物頭としての役務遂行に差し支えが生じるようになり、お咎めを受ける事態にもなるようになっていった。

医師の見立てでは、やがて失明するだろうと言う。

こんな時、高山は通し矢のため七度も足を運んだ京都を思い出していた。

庄内とは異なり、歴史ある金閣・銀閣を始めとする味わい深い寺々の散在、さらさらとした加茂川の流れ、そして日本一をもたらしてくれた懐かしき三十三間堂を、眼が見える内に今一度目に焼き付けておきたかった。

そして、京を知らない妻にも、その美しさを味あわせてやりたかった。残られた時間は少なかった。目が悪くなっては、藩の役にも立てない。思い悩んだ末、高山は幸いと云おうか子供が無かったこともあり、殿から頂戴した一千石を返上し、妻と二人で京に移り住むことを決意した。

藩主の許しを得て、二人は京都を目指し、洛外にこじんまりとした家を買い住みついた。おぼろげに見える眼で、妻とともに京の各所を見物して歩いた。

折から春爛漫の京の街々は、桜の花がいずこでも満開だった

「あなた、こんな美しい桜は庄内にはないですね。金閣寺も銀閣寺も素晴らしかったですわ。京というのは夢のような場所ですね。」

「うむ、わしも七度も京都に来ておりながら、通し矢が終われば、ゆったりと見物する間もなく庄内に帰った。いつの日か、弓から離れて京を見物して回りたかったのじゃ。」

「あなたと夫婦（めおと）になり、このように素晴らしい京を見物できるなんて、私は日本一の幸せ者ですわ。」

「眼さえ悪くならなければ、もっと幸せにしてやれたものを。これから迷惑をかけるのう。すまない。」

「何をおっしゃいますか。これからは私があなた様の眼となります。ご安心してくださいませ。」

「かたじけない。」

高山は、素晴らしい妻に巡り合ったことに感謝した。

日を変えて、さらさらとした加茂川のせせらぎの音を聴きながら散策し、思い出の三十三間堂の門をくぐった。

この頃には、高山の眼はすっかりその視力を失っていた。

「あなた、ここで通し矢日本一になったのですね。」

「うむ、何年前になるのかのう。あの時の姿、お前に見せたかった。」

返事の代わりに妻・絵里佳は、高山の手をしっかりと握り返した。

かつての寛永の三羽ガラスとも四天王とも称された男がその場にいる事に、誰一人気付く者はなかった。

何も見えなかったが、エイッヤーの裂ぱくの気合と、空気を切り裂く矢勢の音が聴こえ、通った矢を告げる太鼓の音がドーンと腹に心地よく響いた。

そして高山の耳には、尾州の雄である杉山と長屋を破り、天下惣一を成し遂げた時の大衆からの鯨波のような賞賛のどよめきが、いずこからともなく聴こえてきた。

視力を失った高山の眼から、涙が三筋頬に伝わった。

その後の夫婦二人の消息に関しては、何の記録も伝わってはいない。

## 三度の天下惣一を成し遂げた「長屋六左衛門忠重」

弓の練習場を「矢場」と言った。その矢場のあったところを矢場町と言う例が多い。江戸時代、通し矢が盛んだった頃、紀州や尾州には数多くの矢場があり、多くの若者が天下一の名声に夢をかけて練習に励んでいた。剣も槍も、日本一を決める競技は皆無であったが弓術だけは通し矢日本一があったのである。

名古屋市内にも矢場町がある。若宮八幡社の南と東に矢場があり、長屋六左衛門と星野勘左衛門がそれぞれの指導者であったとされる。（高柳静雄著「三河弓術風土記」参照）

長屋は、慶長十七年（一六一二）に長屋忠左衛門忠久の長男として出生した。幼名、半三郎。後に、無人と号した。

忠久は、禄高百五十石の武士として徳川忠吉に仕え、その後義直に仕え、竹腰正信に属し同心として大阪の役に弓矢をとって功を上げた。

幼い時より石堂竹林に学び、若くして百発百中の腕となった。

竹林から射を学ぶ折、竹林が葦（よし）の第三の節のところを指示してここを射て見よと命じたところ、長屋忠久は見事そこを射抜いたと伝えられている（「名古屋人物編第二」参照）

この腕前を義直公は認め、尾州藩の弓術の普及向上のため弓術の指導を命じた。

忠久は命に応じて自ら射場を作り、道場主として八十八歳になるまで尾州の子弟を指導したのである。

長屋六左衛門はこのように弓の名人の家に生まれ、毎日の如く射場において父の厳しい指導を受けてめきめきと弓術の腕は上達し、石堂竹林の指導を受けることになり、寛永十年五月わずか二十歳にして免許皆伝の腕前となった。

長屋は多くの弓の名人達と異なり、背は並みの男より低く、身体こそがっしりしていたが、容貌は何やら「カニ」を想像させる顔付きで、それを気にしてか若い頃より立派な口ひげを生やしていた。

天下一になった後多くの弟子を教育したが、初めて長屋に会った若者達は、天下一の名人と言えば身の丈高く、恐ろしい程の体格の男と想像していたのに、それほどの大男でなく手も小さく、矢尺も極めて短いことが意外であった。

このような体格故に、背の低いものや手の短い若者達に大いなる希望を与えた。「俺達も努力すれば日本一になれる」と思わせるのに充分な身体つきであった。

長屋は、寛永十二年二十三歳の時初めて京都三十三間堂に登り総矢四一七三射のうち通矢二〇〇八本、次いで寛永十三年、総矢五八一二射中三一五九本を通した。

しかし、兄弟子の杉山三右衛門は、六〇八二射中三四七五本を通して天下一の額を掲げていた。長屋は、二度の失敗と兄弟子杉山の背が高く逞しい身体つきを見て絶望し脇差を三度までも腹にあてた、と本人が語っている。

まだあきらめてはならぬ、努力はまだまだできるはずと思い直し自分ができる全ての事をやり遂げ、ついに寛永十四年三月十五日、七一八〇射中四三一三本を通し、ついに念願の天下惣一を成し遂げた。

しかしわずか三日後、同年十八日には杉山に五〇四四本で射越され、わずか三日の天下であった。そのため、殿からのさしたる加増も無かった。わずか五十石の加増であった。三十三間堂に額を掲げる間も無かった。その杉山も、同年三月二十四日には庄内藩の高山八右衛門に五一九七本を射通され天下惣一を奪われた。

寛永十六年四月十八日、長屋は五九四四本を通し二度目の天下一になった。

しかし五月十七日には高山八右衛門が六一五四本で三度目の天下一になったのである。この時もわずか一ヶ月足らずの天下で、そのため加増もわずか三十石加えられたのみであったという。

寛永十七年(一六四〇)四月十六日

長屋六左衛門忠重は京都三十三間堂にて総矢九六五三射中六三二三本を通し、前年の庄内藩士高山八右衛門の天下一の額を下ろし、再び尾州に覇権を取り戻した。

寛永年間において、尾州の杉山三右衛門と、長屋六左衛門と庄内の高山八右衛門の三名により壮絶なる戦いが行われていた訳である。

三名ともそれぞれ三回の天下惣一を成し遂げ、長屋が最後にこの戦いを制した形となった。以後十六年間、誰もこの記録を破るものはなかった。

尾州藩としても寛永年間だけで六回の天下一を制することとなり、尾州の名を天下に轟かせたのである。

ここに至り、藩公は長屋に四百石を加増し、指導者の石堂も二百五十石の加増となった。しかし杉山だけは、いまだに加増はなかった。

記録の向上と、庄内と尾張の活躍により、人々の関心は高まり、通し矢の人気は今まさにピークを迎えんとしていた。

一方、紀州藩はこの争いに取り残され、名を残すことが出来ずにいたが、尾張を破るべく必死の取り組みが図られていた。その中心に吉見台右衛門がいた。

戦いのない平和の時代にあって、通し矢は雄藩にとって名誉を賭けた最大の戦いであった。尾張藩主の徳川義直は、こうした戦いにおいて紀州に後れを取ることのないよう、長屋を軸に万全の対策を講ずるよう命じていた。

尾張藩は、練習場＝折掛射場を各所に増設するとともに、京都三十三間堂を模した堂形射場と称する設備を設けた。

注：明暦三年に建中寺の東方に京都三十三間堂を模した矢場（堂形射場）が作られ、その所在場所から東矢場と言われ、現在町名として東矢場町の名が残っている。（「愛知県弓道主要年表」参照）

長屋は、優秀なる少年たちを集め、集団指導体制を始めた。少年たちには弓術だけでなく、学問、馬術、剣術なども教え、人間教育を行う場と位置付けた。

石堂は、この時既に老境にあり、少年たちの指導は長屋が中心となり杉山がこれを補佐した。

かくして長屋は、尾州竹林の総師として紀州竹林の始祖吉見台右衛門（順正）と対峙する事となった。

幸いと云おうか、正保四年より五年間京都三十三間堂は修復のため通し矢は中断となり、長屋の天下一の額はしばらく安泰となった。四百石取の武士となった長屋はこの期に、道を歩く時誰もが振り返ると噂された「とし」と結婚した。

最も喜んだのは両親であった。あんな蟹のような風体の我が子にあのような美しい嫁が来るとは通し矢のお陰と、両親は弓に感謝することしきりだった。

尾張全土の各所に折掛射場が造られ、多くの青少年がそこに集っていた。それぞれが夢を持って弓を引き、それが尾州の熱気となっていった。

長屋のエピソードに次のようなものがある。

「延寶二年の狩に命を承けて遠嶺に在る所の巨猪を射るに、矢聲に應じて忽ち巖下に顛墜す、侯大に賞して衣服を賜ふ、老に及びて黒門の宿直及び東行従駕を免じ、専ら國に在りて射を教えしむ」

かくして尾州藩は天下一の指導者長屋のもと、さらなる底辺の拡大をはかり、まさに天下一の弓人口の藩となっていった。

寛永時代、通し矢で尾州が日本一の座を他より多く六回も獲得したのは、一に資金力の差であり、二に天下一になれる夢を持たせた藩全体のやる気と熱意、それが他藩を圧していた理由であった。

こうした環境の中で天下の大名人星野勘左衛門の出現を見るのである。

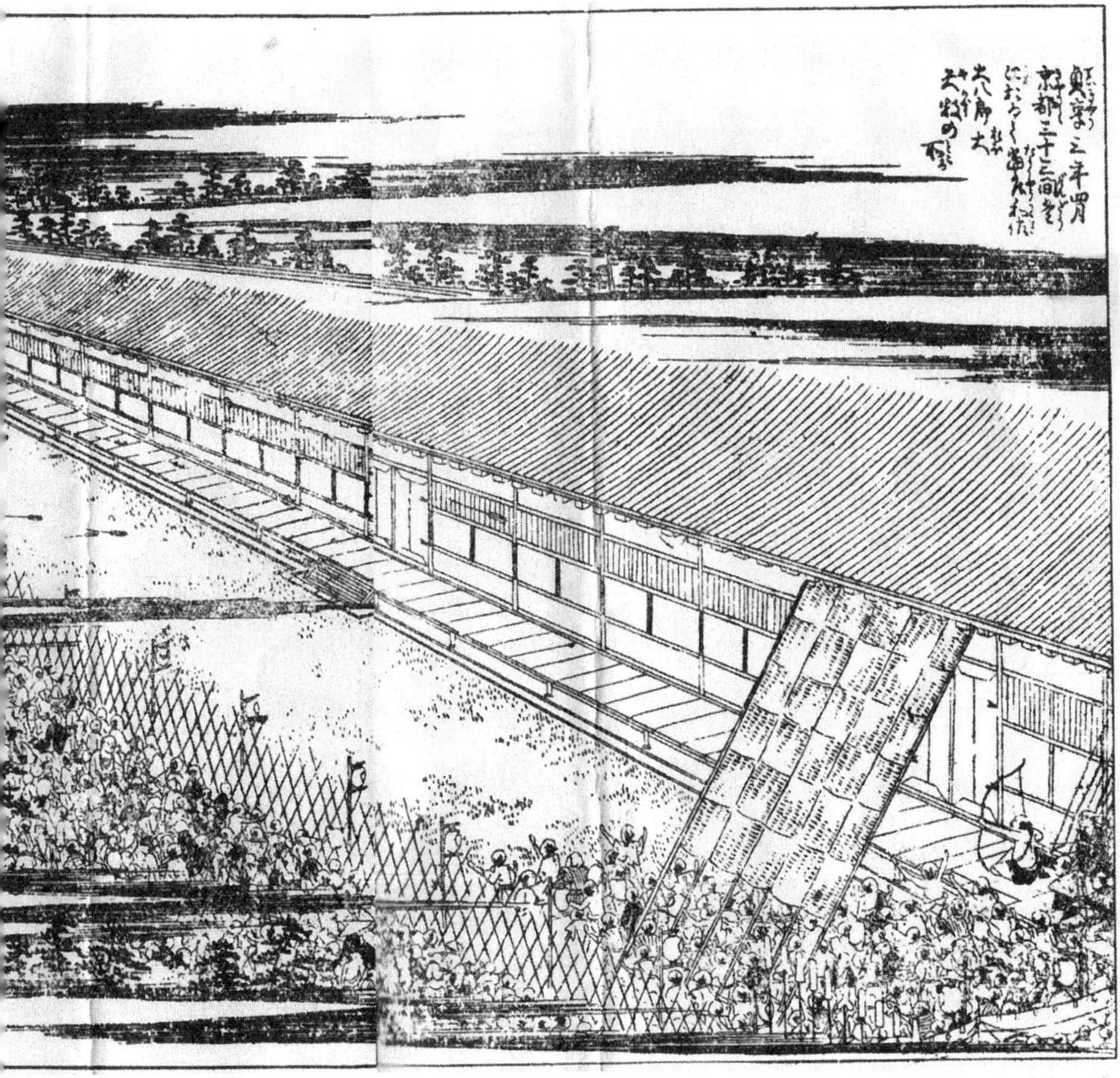


財政豊かな紀州徳川藩は、京都三十三間堂と同じような堂形射場を作り練習したという

長屋はかねての計画通り、弓だけしか出来ない人間でなく、人間的にも優れた人物の育成を目指していた。

杉山は長屋より年上であったが、自分より高い記録で天下一になった長屋の手伝いを心より行い、これらの態度がやがて藩公に認められ三百石の加増を賜ることになる。

長屋が庄内の高山を制し天下惣一を成し遂げた後、三十三間堂の覇権は日本で最も財力があり熱意に燃えていた尾州と紀州の二大藩の争いと化し、他藩はもはや追随できない状態となっていた。さてこの両藩の通し矢の技法といえば、両者とも竹林派弓術であった。

各藩により、加州（加賀藩）は大蔵派、大阪は道雪派というように各所で色々な流派があったが、細部においては異なるところがあっても、通し矢の射法として大きく変わるところは無かった。

ここで、通し矢で最も優れた星野と和佐という英雄を輩出した竹林派なるものにふれてみたい。古流として有名な小笠原流は、たとえ印可を受けても、ただの一人たりとも新しい流派を唱えるものは皆無であったが、新流の日置流は小笠原流ほどの厳しい「掟」が無かったため、印可を受け弓の名人となると自分の流派を打ち立てたい野望を持つ者が現れた。

竹林派もその一つである。

## ◆竹林派の始祖　竹林坊如成の謎

永禄元年（一五五八）、京の北白川の北東において勝軍地蔵山城の争奪をめぐって松永久秀と佐々木義賢との壮絶なる戦いが行われていた。

佐々木方の陣営には、多くの叡山の僧が加勢していた。

一目でそれとわかる僧衣と頭巾をかぶり、薙刀（なぎなた）や槍をふるって目覚ましい働きをしていた。

その中にあって、三人張りの強弓を手にし、次々と松永方の馬上の武士を射落とし、射損ずる矢がほとんど無い弓の名手がいた。

これぞ、若き日の竹林坊如成であった。

筋骨隆々として逞しく、顎（あご）が大分前にせり出している異相であった。

「細川記」には「近江家に竹林坊とて名を得たる弓の名手」と書かれている。

佐々木から「この度の働き見事であった」と金子が与えられた。

このように叡山の僧兵として活躍していた如成は、故郷の近江蒲生郡の石堂に住み、もともとは北村姓であったのだが、その石堂名を取り石堂竹林坊如成として、生活していた。

一方その頃、近江の豪族吉田重賢・重政親子は、従来の上流公家武家社会に伝わる故実的形式や儀礼の型を重んじる射を打破し、新しい射の在り方を確立したとされる日置弾正を創始者とする日置流の流れを継承し、吉田流として近代歩射射術の基礎を確立していた。

そこから重政の子重高は出雲派、三男重勝は雪荷派を名乗り、それは道雪派へと受け継がれた。

また出雲派は印西派、山科派、大蔵派などと拡散し、各雄藩で栄えていった。

如成は、この吉田重政（一鴎）のところに吉田家の祈願僧として入り、重政に弓術の指導を受ける。

もともと実力のあった如成は、またたく間に師を超える程の射術を示した。

如成は吉田流の長所と秘伝をこっそりと書き写し、さらに自分で僧兵として実践で体験した弓術と合わせ、新しい流派を興す野心にもあふれていた。

このような如成の動きの故に、吉田家は竹林坊如成を追放した。（吉田家伝）

師が弟子を追放するには大きな理由があるはずであるが、どこにもその事情に関する記述は見当たらない。

おそらく吉田は如成の野心を見抜いたに違いない。

しかし歴史的に見て野心の無い男に大成したものはいない。

追放された如成は、托鉢僧として米や金銭の施しを受けながら何とか紀州高野山にたどり着き、真言宗の僧侶となった。

当時、叡山は天台宗であったが、天台宗と真言宗は兄弟のように親しく、高野山真言宗は天台の衆であっても快く受け入れたのである。

そこで如成は「五輪砕（ごりんくだき）」などの弓術の書を書き上げた。

この書は多くの仏教用語が用いられているものの、今もって高僧の頭脳をもってしても、何が何だか理解できないものとされている。

しかし如成は、その高野山に僧として一生を終ることを良しとしなかった。高野山にいるかぎり、弓術の一派を作ることは出来なかったからである。

彼は高野山に別れを告げ、吉野に移ったが、僧兵としての実戦と吉田流の極意を身につけた如成の弓の実力は確かなものであった。

その弓術の腕を見込まれ、尾張の城主徳川忠吉の家臣の弓術師範となり、最後は慶長十年尾張にて波乱の生涯を終えた。

さて竹林派諸伝書の中には、以下の説が伝わっている。

竹林派の伝来は、応永（一三九四～一四二七）の頃伊賀の国に日置弥左衛門という弓術の名人がおり、安松左近吉次がそれを継承し、その子新三郎が継ぎ、更にその門人弓削甚衛門正次が継ぎその子六郎がこれを継承したものの、そのあと伝授すべき人物がいなかったため、弓書を三島明神の社中に隠して死んだ、としている。

石堂竹林坊如成は、ある時三島明神の夢想を蒙り弓削の伝書を手に入れ、その射伝を中興したとされている。（日置流竹林派伝書その一 入江康平編）

この事は如成が吉田派の印可を貰っておらず、自流の権威を付けるための苦肉の策として起草した伝承とも考えられる。

この時代、夢に現れたとする手法は秀吉も良く使ったもので、明智光秀討伐後、柴田勝家一派と後継者争いをしたとき、信長公が夢に現れ世継ぎは三法師にするようとお告げがあったとして勝家を説き伏せている。

いずれにしても竹林坊如成により創始された竹林派は次男為貞（貞次）へと継承され、為貞は清洲城主忠吉に仕え、その後義直の御弓矢奉行として多くの有名なる弟子を育て、その地位を確固たるものにしたのである。

こうしてみると、竹林派の隆盛を築いたのは二代目石堂竹林為貞の功績とも言える。為貞は、親に似て顎が突き出て、額は大きく後方に削れたように反り、まさに異相であったという。宮本武蔵の画いた絵からもそれが想像される。

だが為貞は子供運に恵まれず、長男兵太夫は十九歳の若さで死亡、やむなく次男貞直が御弓役を勤めたが、元和年間に自決したため家名は断絶した。「竹林派正当系譜」そのため君命により為貞の娘婿岡部籐左衛門忠治（一雲）が為貞の正当を相続し寛永十九年（一六四二）弓矢奉行となり、代々これを勤め、歩射射法の伝統をしっかりと守り抜いたのである。

石堂竹林為貞は、自らは通し矢に活躍した記録はどこにも見当たらない。

しかしその指導法は見事で、尾州においては、如成→為貞→長屋六左衛門忠重→星野勘左衛門→渡辺寛→本多利実に至るまでの尾州竹林と、如成→吉見台右衛門（順正）→和佐大八郎の紀州竹林の二大流派が確立し、この二大流派が天下一を互いに争うことによりここに通し矢が大きな華を咲かせるのである。

かくして竹林派は天下一の流派となった。

## ◆長屋六左衛門　䪜に角入りを発明す

さてここで、「かけがえのない」という言葉はこの䪜から生まれたとされるが、その䪜の日本における歴史についてふれてみたい。人類が弓を発明し、狩猟に使用された時は皆素手で引き、䪜など皆無であった。つまり獲物を射止めるには素手が一番良かったのである。

日本で最初に䪜が作られたのは鎌倉時代とされ、源頼朝公が使ったとされる䪜が残っている。これは一具䪜と言い、左右の手それぞれ五本の指で右手の親指の部分に皮が貼り加えられている。云わば手袋のようなもので、若い鹿の皮で作られ、柔らかく、弓が引けない距離に敵が近づいたら、弓を捨て直ちに刀で戦うため、厚い䪜では戦いには使えなかった。那須与一もこれで扇を射抜いたのである。

冬の戦いにおいてはこの一具䪜は防寒の役目も果たした。戦いが無くなり、一具䪜は次第に姿を消していったが、時代が経っても戦いの場ではこれを使用した。

忠臣蔵の赤穂浪士の討ち入りの際は、弓を持つものは全てこの一具䪜を用意していた。大石主税の使ったトンボの模様の入った一具䪜が、今でも泉岳寺資料館に残っている。

この䪜では、強い弓を何千本も引くには親指が痛くなる。そのため角入りの堅い䪜が工夫されていった。

長屋忠左衛門は茶筅（ちゃせん）の竹筒からヒントを得て、我が子六左衛門と相談し、四

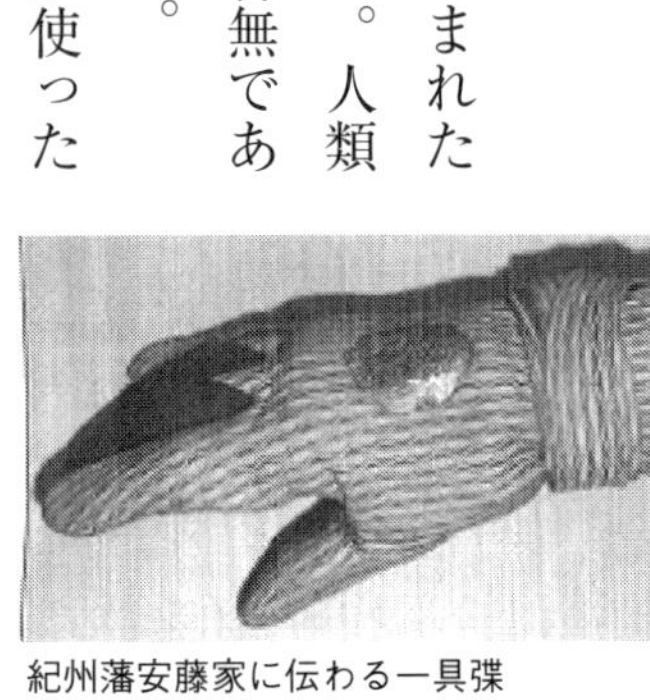

紀州藩安藤家に伝わる一具䪜
（長谷川弓具店 蔵）

つの角入り碟を作った。この碟のお陰で、六左衛門は天下一を成し遂げている。さらに、碟の内部で手が蒸れることがないように、親指の部分に小さな穴をいくつか空けるという工夫も施した。

## ◆星野勘左衛門に天下惣一をなさしむ

こうした長屋の集団指導は着々と充実したものとなり、尾張の天下惣一は当分安泰と思われていた。

ところが、長屋が天下惣一を成し遂げてから十六年目、秘かに恐れていた事態が生じた。明暦二年（一六五六）四月二十一日、紀州の吉見台右衛門（後の順正）が総矢数九七六九射の内六三四三本を通し、天下一の額を書き換えたのである。ついに、紀州が覇権を握った。

この知らせに、尾張では全土に衝撃が走った。

特に尾張藩主義直（よしなお）亡きあと第二代藩主となった徳川光友は、初代義直以上に弓が好きで、しかもたぐいまれな負けず嫌いであった。

光友は、直ちに長屋と杉山を城中に召した。頼りとしていた石堂竹林為貞は、既にこの世を去っていた。長屋と杉山は、蟹のように平伏していた。

「両人共、もっと近こう寄れ。ついに恐れていたことが起きたようじゃ。紀州に天下一を奪われて、このまま黙っている訳にはいかぬ。両名共、気合いを入れ直してかかってくれ、よいな！」

「ははあ、我等両名共、命にかえて天下一を取り戻してごらんにいれまする。」

「相分かった、頼むぞ！竹林坊亡きあと、お主達しか頼れる者はおらぬ。時に、吉見を破れそうな者はおるのか？」

「はっ、星野勘左衛門と申す者、まだ歳は至りませぬが尋常ならざる才能を持っておりますれば、きっと近い内に成し遂げられると思っております。」

「星野勘左衛門とな、焦らなくともよい、しっかりと育てよ。」

光友は星野の十四歳という歳を聞き、あと数年はかかると見ていた。

長屋も杉山も毎日の練習は欠かさなかったが、歳という目に見えぬ敵には勝てず、こう射れば必ず成功したという自信の矢が床に落ちるようになってからは自信を喪失していた。

どうやっても、昔の記録は出せなかった。

かくなる上は、勘左に懸けるしかない、二人はそう思った。

星野のため、長屋は矢師・弓師を集め、用具の研究を重ねていった。

愛知県には、矢作（やはぎ）という地名がある。

秀吉と蜂須賀小六の出会いで有名な矢作橋も、ここにある。

この矢作は、字の通り、矢を作る人が住んでいた所とされているように、岡崎・豊橋・豊川辺りは良い矢竹に恵まれ、尾張には矢作りに携わる人も多かった。

なお、矢竹は全長に四節を必要とし、その位置を揃えることが実に難しく、二年物で、悪い虫が入らないように十月から二月くらいの期間に刈り取っていた。そのため、「矢竹は、富士が最も美しい時に切れ」の言葉が生まれた。

麦粒の矢は、長屋と矢作りの名人達の研究の成果として発明されたものである。

しかし完成までには、血のにじむような努力があった。

なぜなら、一文字などの矢に比べ、麦粒の矢は、矢の弾性（たわみ量）と弓の強さが少しでも合わないと、矢飛びこそ良いものの真っ直ぐには飛ばない。スパイン（剛性）などの知識がない当時、何度も失敗しながら麦粒の素晴らしさを信じ、射手に合う矢が研究されたのである。

星野の記録は、この矢のお陰で引き出されたともいえる。

長屋は、さらに弓師も集め、最も矢飛びの良い弓を研究させた。

通し矢には、弾道が低く、先に行ってから伸びることが要求された。

そのため、弓の下部を一寸・二寸・三寸と切り詰め試した後、四寸ほど切り詰めた辺りが最も通し矢に適していることが発見された。

そして、内竹・外竹に挟まれた中芯の竹を焦がし炭化させることが、より弓の弾性を高めることを発見したのである。これは後に、炭素繊維（カーボン）を弓に使うことが有効であるということのヒントとなった。

長屋と杉山の指導のおかげで着々と星野は記録を伸ばしていった。

満を持して星野を三十三間堂に送ったのは、万治三年（一六六〇）のことであった。しかし気の弱い星野は普段の記録を出すことが出来ず、失敗した。

その後、四回のチャンスを与えられたが、星野はことごとく吉見の記録に届かなかった。京より帰ったその夜中、長屋は何やら胸騒ぎを覚え、大広間に行くと、薄暗がりの中に星野が正座し、その前に脇差（わきざし）が置かれていた。

勘左衛門の気持は、長屋自身三度も脇差を腹にあてた体験があるだけに痛いほど分かっていた。

長屋は、髭をしごく事も忘れ、駆け寄った。

「勘左よ、何を考えておるのじゃ。これ位の失敗でめげるでない。ここで諦めては今迄の苦労が水の泡となる。」

「わしとて何度も失敗して、死のうと思ったことは一度ではない。だが、人間決して諦めてはならぬ。お前は、必ず天下一になれる能力を充分持っておる。

前回は、誰も成し得なかった総矢数一万射以上も射ているではないか。それは、吉見殿とて成し得なかった記録なのじゃ。」

「あとは、通す確率を高めればよいだけなのだ。失敗した時の事など、決して考えてはならぬ。ただ無心になり切ることが大切なのじゃ。いらざる考えを持ってはならぬ。」

「お前の力は、誰にも負けぬ。あとは心の問題だけじゃ。明日より心を新たにして努力しようぞ。」星野は、この長屋の温かい心に感動し、顔をくしゃくしゃにして、ただただ涙を溢れさせていた。

「先生、ありがとうございまする。明日から又、さらなるご指導をください」次の日からの練習は、恐ろしいほどの凄みが感じられた。

寛文二年（一六六二）五月二十八日、五回目にして星野勘左衛門は、総矢数一〇一二五射、内六六六六本を通し、見事紀州の大名人吉見の記録を何と三二三本も射越し、天下一を尾州に取り戻した。

長屋は、後見人兼介添として星野を見守り応援していたが、吉見の記録を破った時、心の底から突き上げてくるような指導してきた者ならではの喜びに浸っていた。この感動は、体験した者にしか分からない。今までの苦労は、何処かへ消し飛んでいた。

この報告を最も喜んだのは、両親と家族、そして尾張藩主光友であった。

我が子が天下一になることは、親にとってこの上ない喜びで、これ以上の親孝行はないのである。光友は、直ちに長屋と星野を召し、星野には何と五百石の加増があったのである。

長屋には、三度の日本一を通じて三百石の加増であったのに、星野は一度の日本一で師を上回る石高の武士となった。

如何に喜びが大きかったかの証である。

星野の記録は当分破られることはあるまいと思われていたが、六年後、吉見台右衛門の弟子　葛西園右衛門が何と総矢数九〇四二射中七〇七七本を通し、星野の額を下ろした。

葛西、わずか十八歳の若さであった。

葛西は、通し矢の射手として史上初めての将軍の拝謁を受け、もはや日本広しといえど彼を上回る射手は出現しないだろうとの言葉を頂戴し、赤い陣羽織を拝領したほどであった。

まさに、尾州と紀州の通し矢の戦いはピークを迎えようとしていた。これは、両藩の名誉をかけての戦いであった。戦いに勝つためには、あらゆる手段がとられた。星野も、十八歳の若者に負ける訳にはいかぬと、満々の意欲を示し、すさまじい練習を開始した。

長屋と星野と矢師の研究により、星野の弓の強さに合致する完全な麦粒矢が完成し、それは低く糸を引くような弾道を描いた。

あとは、二十四時間射続けるとき必ずやってくる、〝悪魔の囁き〟と云われる十二時間を過ぎた頃の疲労感を如何に取り除くかの問題であった。

長屋と星野は、時の尾張の神と云われた漢方医の藤田を訪ね、疲労を如何に取り除くかの方法を学んだ。それは、浄血療法（瀉血）であった。

それらの工夫が効を奏し、練習ながらなんと八千本以上の通し矢記録を出したのである。

前人未到の記録であった。

長屋と星野に、最早不安はなかった。

寛文九年（一六六九）五月二日
多くの見物人の目の前で、星野勘左衛門は総矢数一〇五四二射　内見事八〇〇〇本を通した。しかも、あと三刻（六時間）も残してのことであった。

狡猾な一面を持つ家老の竹腰は、時間の許す限り射るよう迫ったが、長屋には星野の心が判っていた。「星野の力は限りなくあります。当分は破られる記録ではありませぬ。もしその時は、彼が更なる記録を出してくれましょう。」長屋は、こうして竹腰をいさめた。

藩公光友はこの功に報い、星野に八百石、長屋にも四百石を加増した。しばらく後になったが、杉山もその功が認められ三百石が与えられた。以後十七年間、星野の記録に迫る者とてなかった。

星野と長屋の関係は、師弟の間柄であったが、その実は親子にも勝る関係であり、長屋なしには星野もあり得なかった。

この二人は、三十余年の長きにわたり一度の仲たがいとてなく、弓一筋の人生を歩んだのだった。

星野が天下惣一を成し遂げた後、長屋はこう言った。

「この度は、ようやった。お前の弓の力は、天下一であることを示したのだ。だが、弓の技量だけでなく、人間的にも天下一でなければならぬ。とかく栄光を手にすると慢心し、思いあがることが多いのじゃ。神は素晴らしい事を与えた者に、必ず悪い事もお与えになり試される。その事、忘れるでないぞ。」

長屋は、自慢の長い髭を隆としごいた。

「はい、先生のお言葉、努々（ゆめゆめ）忘れる事はありませぬ。この度の成功、ひとえに先生のご指導のたまもの、心より感謝申し上げまする。四回の失敗の時、温かいお言葉がなければ、今の私めはなかったでありましょう。」

「うむ、よくぞ申した。最早、わしが教えることなど何ひとつない。これからは、わしに代わって尾州と云わず全土の弓を志す若者を育ててくれ。頼んだぞ。」

「はい、これからも一生ご指導お願いいたします。」

この後、星野を慕って全国より集まった弟子の数は三百六十名に達した。

その筆頭に、後の赤穂浪士、早水藤左衛門の名があった。

## ◆長屋、後進のための伝書を残す

長屋にとって最後の仕事が待っていた。

それは、多くの弟子達のためにも、確かな「伝書」を作ることであった。

長屋は、竹林坊如成の書いた「五輪砕」や、吉見の「射法訓」のように口伝の多い書ではなく、読んで判りやすい、誰もが理解できる書き物を残しておきたかった。

もう口伝の時代は終わった、と思ったのである。

これらが余所に漏れても、日本全土の弓術の向上があれば良いのではないかと思った。

長屋は、星野と共に研究してきた事柄を何としても残しておきたかった。

もっとも、それらの教えの基本は如成からの教えであったので、この秘伝の書は、

石堂竹林如成

長屋六左衛門無人

星野勘左衛門茂則

の三名の連記とし、「竹林指矢前秘伝之書」と名付けた。

それは、「竹林指矢前日之巻第一印可」

「竹林指矢前月之巻第二印可」

「竹林指矢前星之巻第三印可」の三巻であった。

これが、天下一になった竹林派弓術の秘伝であり、長屋と星野の血のにじむような体験を踏まえての書である。

この稿の最後に、「第一印可」の書の一部を転記しておく。

天下に名高い通し矢の英雄、星野勘左衛門を育て、尾州竹林の名を揺るぎないものにした努力の小男、蟹顔に大きな髭がよく似合った長屋六左衛門は、貞享二年（一六八五）十二月九日、星野に手をしっかりと握られながら七十三年の生涯を閉じた。

真っ黒だった髭は真っ白になっていたが、美しい光沢を放っていた。法名は、寂証覚住居士。墓碑銘には、寂證覚住居士と刻まれている。何と、和佐大八郎が天下一になる前年であった。

やがて星野も没した数年後、堂形射場もある年の台風で吹き飛んだ。

今は「矢場町」という町名だけに、その名残を留めるばかりである。

# 竹林指矢前《ちくりんさしやまえ》　秘伝之書《ひでんのしょ》

竹林派指矢前《ちくりんはさしやまえ》　日之巻《ひのまき》　第一印可《だいいちいんか》

一　指矢前《さしやまえ》、先《まず》、腰掛《こしか》け高《たか》さ定法一寸八分也《じょうほういっすんはちぶなり》、扨《さて》、左《ひだり》のひざ《膝》を下《した》に組《くみ》て、右《みぎ》のひざ《膝》を上《うえ》に組《くみ》て、膝口《ひざぐち》を小《ちい》さく第一《だいいち》にかしこまるべし。矢数《やかず》になりてくたびれ《草臥》の一《ひと》つなり。

一　胴《どう》つくり《造》の事《こと》。四《よっ》つの胴《どう》にならぬ様《よう》にして、随分《ずいぶん》ろく《陸》に身《み》がまへ《構》をして、馬手《めて》の臂下《ひじさが》らぬ様《よう》に、うでくび《腕首》をろく《陸》にすれば、おのづ《自ず》から掛口大《かけぐちおお》すじかへに、ひとりひらずけ《平付》になしてよし。

一　手《て》の内《うち》の事《こと》。弓《ゆみ》を一文字《いちもんじ》に中筋《なかすじ》にとれば、引《ひく》にしたがひ、内山《うちやま》なりに、なをるにより、すなはち《即》、うろがた《鱗形》になる也《なり》。わかるゝ《離》時《とき》におや《親》根《ね》をきかせおしこめ《押込》ば、おのづから身《み》ともに一体《いったい》に成《なる》なり。

一　四分六分《しぶろくぶ》の事《こと》。引時《ひきどき》に勝手《かって》へ六分《ろくぶ》に引《ひき》て、押手《おしで》へ四分《よんぶ》に引《ひき》、はなつ《放》時分《じぶん》は押手《おしで》へ六分《ろくぶ》、勝手《かって》へ四分《よんぶ》とするは、是《これ》、第一竹林一流《だいいちちくりんいちりゅう》の秘密《ひみつ》なり。

一　引《ひき》とり《取》の事。とかく《兎角》山《やま》なりに勝手高《かってだか》に、めて《馬手》へ早《はや》く引付《ひきつけ》る、是《これ》、第一也《だいいちなり》。勝手《かって》へはやく《早》納《おさまり》たる矢《や》は、強《つよ》くかゝる矢《や》も、あたる矢《や》も、皆《みな》はづる《外》ゝ也《なり》。しかし陽《ひ》の働《はたら》きあしけれ《悪》ば、そろは《揃》ざるもの也《なり》。

一　納《おさま》りの心得《こころえ》の事《こと》。我《わ》が生付《うまれずき》のやくそく《約束》所《どころ》へ付《つく》と、其侭身《そのままみ》を一体《いったい》にはり込《こみ》、あうん《阿吽》道理をゆめゆめ《努々》、ゆるす《許》べからず。只一体《ただいったい》わかれ《分》を専《もっぱら》とする也《なり》。すこし《少》にても、たるむ《弛》心《こころ》あれば、矢《や》よわきがくせ《癖》に、身《み》とをり《通》へ、行《ゆ》く事《こと》なし。故《ゆえ》に稽古《けいこ》は、その《其》よくみつる《満》処《ところ》を肝要《かんよう》とする也《なり》。

一　延相《のびあい》の事《こと》。能々《よくよく》あうん《阿吽》道理《どうり》そろひ《揃》ての事也《ことなり》。されば、のび《延》相《あい》よきは、矢《や》はますます《益々》つよき《強》也《なり》。おし《押》手《で》は一寸《いっすん》のび《延》相《あい》て、勝手《かって》へは五分《ごぶ》と覚《おぼママ》へべし。故《ゆえ》に他流《たりゅう》には五分《ごぶ》のつめ《詰》と云事《いうこと》あり。是《これ》、皆《みな》ひが《否》事也《ことなり》。めて《馬手》へばかり五分詰《ごぶつめ》ては、弓手《ゆんで》はなき也《なり》。押手《おしで》は陽《よう》なれば一寸《いっすん》おしかけて、馬手《めて》にて五分《ごぶ》つめ《詰》はなせ《放》ば、そのとく《其徳》おびただしき事《こと》あり。故《ゆえ》に、長《なが》くばつげ、みじかく《短》ば切《きれ》とは秘密《ひみつ》の事也《ことなり》。されば、長《なが》くばつげとは、矢尺《やじゃく》（束）長《なが》きとて、ゆめゆめ油断《ゆだん》の心《こころ》あれば、かならず矢《や》よはき《弱》ゆえ《故》に、ゑん《縁》にてかゝる也《なり》。みじかくば切《きれ》とは、小兵成《こひょうなり》に矢尺《やじゃく》(束)ひけひけ《引引》とばかりおしゆれ《教》ば、ただ矢尺《やじゃく》(束)のひく《引》事《こと》を専《もっぱら》とすれば、のび《延》相《あい》の心《こころ》はなしに、、矢尺《やじゃく》（束）ものは、なをなを延相《のびあい》つよく《強》なければ、ひらかゝりに、なるもの也《なり》。いはんや、当代《とうだい》の射手《いて》は、その形《かたち》ばかりにかまひて、強《つよ》き事《こと》をしら《知》ざるは、皆《みな》、是《これ》、弱也《じゃくなり》と云《いう》。是《これ》、能《よく》のび《延》相一体《あいいったい》すがた《姿》になれば、その達者次第数《たっしゃしだいかず》になり候《そうろう》ても、抜《ぬ》けおちざる也《なり》。是《これ》、一流《いちりゅう》の秘密也《ひみつなり》。努々他言有《ゆめゆめたごんあ》るまじきもの也《なり》。

一　打《うち》おこし《起》の事《こと》。弓《ゆみ》を三《み》つ角《かど》に立《た》て、弓《ゆみ》の下《した》ほこ身《み》にそふ《添》ごとく《如》に成《なる》ほど、馬手高《めてだか》に引《ひき》とる也《なり》。されば、弓《ゆみ》の修行若《しゅぎょうわか》き時《とき》は、必《かならず》、下《した》ほこはたら《働》かぬ也《なり》。能《よく》、下《した》ほこはたら《働》くほどに射《い》れば、矢強《やつよ》き也《なり》。弓《ゆみ》は下《した》ほこより矢《や》のはたら《働》きは出《で》る也《るなり》・

一 とりかけ《取懸》の事《こと》。胴《どう》づくり《造》も三角《さんかく》にして、弦《つる》は広《ひろ》からず、又《また》、せま《狭》からざる様《よう》に、弦道《つるみち》をすぐ《直》にとる事専也《こともっぱらなり》。他流《たりゅう》にはせま《狭》き事《こと》をかまはざるは、大《おおい》にあしき《悪》也《なり》。

一 勝手《かって》に五《いつ》つと云事《いうこと》。是《これ》も、ひぢ《肘》下《さが》りても上《あが》りても、引過《ひきすぎ》ても、また、ひかへ《控》過《しぎ》ても、くぶし《拳》の金《曲尺》にあはず。ただ、金《曲尺》にあはせて後《あと》へ引込《ひきこみ》て射《いる》が吉《よし》。口伝《くでん》有《あり》。

一 指矢弓《さしやゆみ》の事《こと》。よき弓《ゆみ》は、まづ内《うち》のひごを、よくあぶり《炙》、竹《たけ》の皮目《かわめ》を三枚合《さんまいあわ》せて、内竹《うちだけ》の、なるほど性《しょう》のよき《良》をつけ《付》て、外竹《とだけ》の、やわらかなる竹《たけ》を、つくる也《なり》。木《き》おのれと弓《ゆみ》なりに、そり《反》たる木《き》にて、打立候《うちたてそうら》へば、ぬけたるはなし。秘《ひ》すべし。是《これ》、口伝也《くでんなり》。

一 弓《ゆみ》の尺《かね》の事《こと》。先《まず》、七尺《ななしゃく》に打出《うちだ》し、三尺余《さんじゃくあまり》、引候射手《ひきそうろういて》には、六尺九寸《ろくしゃくきゅうすん》ほこ《鉾》にして用《もちう》る也《なり》。また二尺九寸《にしゃくきゅうすん》の矢尺《やじゃく》なれば、弓《ゆみ》は六尺八寸五分《ろくしゃくはっすんごぶ》ほこ《鉾》にする。又《また》、矢尺二尺八寸五分《やじゃくにしゃくはっすんごぶ》より七寸五分迄《ななすんごぶまで》は、六尺七寸七八分迄《ろくしゃくななすんひちはちぶまで》はよき也《なり》。矢尺《やじゃく》に応《おう》じてそれぞれの弓《ゆみ》の尺《しゃく》、肝要也《かんようなり》。口伝多《くでんおお》き也《なり》。

一 弓《ゆみ》なりの事《こと》。大《おお》とり(打)のふし《節》にて、大とりをつくる《作》は、ふし《節》の所《ところ》つよき《強》故《ゆえ》に、まづ他流《たりゅう》より下《さが》りて付《つけ》る也《なり》。弓《ゆみ》の三ケ月《みかずき》なり《形》と云て、いかにも、まるのひける様《よう》に削《けずり》、余《あま》り下《した》のたゝぬ《立》様《よう》にする也《なり》。兎角《とかく》いづれの弓《ゆみ》にても、にぎり能《よく》、ひける《引》様《よう》に削第一也《けずるだいいちなり》。秘伝《ひでん》。

一 指矢《さしや》の事《こと》。よきうすき箆《の》にて、矢《や》のなり《形》はむぎつぶ《麦粒》なり《形》といふ《云》て中高《なかだか》に、筈《はず》らいさく《小》、根先《ねさき》ほそく《細》、掛合一寸五分《かけあいいっすんごぶ》より二寸五分迄《にすんごぶまで》にして、箆張《のばり》は片《かた》おせ《押》(押)努々《ゆめゆめ》ゆるす《許》べからず。口伝多事也《くでんおおきことなり》。

一 弦《つる》の事《こと》。三寸《さんずん》のひけならば、弦三匁二三分《つるさんもんめにさんぶん》と心得《こころう》べし。三寸五分《さんずんごぶ》より四寸《よんすん》迄《まで》は三匁位《さんもんめぐらい》、四寸《よんすん》より五寸迄《ごすんまで》は二匁八九分《にもんめはっくぶ》がよき也《なり》。しかし弓性《ゆみのしょう》により少《すこ》しづつの替有《かわりあり》。口伝也《くでんなり》。

右此巻者、竹林流印可日之巻、極秘密、雖為一子相伝、依年来勤功而令伝授之者也。

右、此の巻は、竹林流印可日の巻にして、極めて秘密なり。一子相伝の為と雖も、年来の勤功に依りて、之を伝授せしむる者也。

石堂《せきどう》 竹林《ちくりん》 如成《じょせい》
長屋《ながや》 六左衛門《ろくざえもん》 無人
星野《ほしの》 勘左衛門《かんざえもん》 茂則《しげのり》

読み下し　徳田雅彦（雲弓）

## ――命をかけた通し矢「吉見台右衛門（順正）」

通し矢は武士が命をかけた戦いであり、夢破れ、己の実力の無さを知り、三十三間堂で命を絶った武士が一人や二人でなかった事は想像できる。そこで古文書をあさってみても、どこにも誰が死んだか何人かなどという記録は全く見当たらないのである。しかし通し矢は命をかけていたという事がわかる記述がある。

### ◆祖公外記に見るエピソード

吉見台右衛門は、三十三間堂大矢数を四度にわたり射損じていたが、明暦二年四月、五度目の上京の折、頼宣公は急に吉見を召し出し、次のように言った。

「その方は、それほど射芸が出来ないのか、喜左衛門の倅（せがれ）なればこそ取り立ててやっているが、四度までも大矢数を企てるにあたり、今度射損じたら切腹いたさんでは相済まぬ事になろう。」と厳しく叱り、何やら吉見に向かって投げつけた。

何かと思って手にすると、ずっしりと重みがあり、中を開けると金三百両が入っているではないか。吉見は、これを有り難く拝領し、万全の準備に使用した。そして吉見は山科街道より上京し、ついに天下惣一を射上げた。藩公は大いに喜び、五百石を加増したのである。これ以後、紀州の射手が大矢数に出かける時には、必ずこの山科街道を通るならわしとなった。

## ◆死を覚悟して、吉見を支えた母

子供のころから文武に優れた喜太郎（順正）を心から愛してきた母は、四度の通し矢失敗の後、「次もしくじったら、あの子は必ず腹を切ってしまうに違いない。しかし、もし五度も失敗してもおめおめ生きて天下に恥をさらすような事あらば、その時は我が子を刺し殺し、その場で自分も喉を突いて自決する覚悟を決めていた。

五度目の挑戦の日、吉見の母は胸に短刀を忍ばせ秘かに三十三間堂に向かった。

母は吉見に付添い、三十三間堂の縁の上り口で懐の懐剣を握りしめたまま、一昼夜そこを動かなった。（小沼家蔵本「肘学標的全」より）

吉見は命のかかった五回目のチャレンジで、明暦二年（一六五六）四月二十一日、総矢数九七六九射中六三四三本を通し射越（天下一）をなしとげた。二つのエピソードから分かるように、五回失敗すると腹を切るような思い（慣例）があったようである。かの有名な星野勘左衛門も四回失敗し、一度は切腹しようとし、師、長屋六左衛門から次があるからとおしとどめられたとの話もある。調査すると、庄内の高山八右衛門は五回失敗したが、腹を切らず六回目に日本一になった例もある。

現代においても東京オリンピックで三位になり、次を期待されその重圧に負け自殺した円谷幸吉選手のような例もあるように、自分にはもはや天下一になる能力は無いと思った時、自決したように思われる。

大矢数が中止になった理由も、金がかかり過ぎるという事もあったが、こうした自決者が増加していった事が原因とされている。

ほかに通し矢で天下一になった場合の様子を調査してみると、例えば星野勘左衛門の場合、「かくて星野は矢数終て、右の届として公と所司代町奉行へ騎馬にて勤廻り、其馬を南東に振向て直ぐに島原の遊里に赴き、夜と倶に妓婦に戯れ酒を酌む、其活気あたかも平日の如し、見聞人美談せずと云事なし。」と古文書にあるように、通し矢成功の後、京都の島原に赴き、臥竜の松をながめながら、勝利の美酒に浸るならわしであったようだ。そして帰国すれば、藩の英雄としてちょうちん行列で迎えられ、藩公から三百～五百石の武士として加増され、三十三間堂には、前者の額を取り外し、天下一の絵の掲額ができる名誉が待っていたのである。そして美しい妻も得られたであろうし、弓術の指導者の道も確定していた。

一方で失敗すれば切腹か喉を突くかして自決する事になる。

つまり通し矢には天国と地獄の人生の差が出現したのである。

江戸時代通し矢が歌舞伎や相撲より人気があった理由は、不朽の美もさることながら、江戸の庶民にとって、通し矢にチャレンジする武士の二十四時間後の運命を、想像したり、天国が地獄行きかを賭けたりする楽しみがあったように思えるのである。

第四章　通し矢列伝③

# 武士道に生きた永遠のライバル

星野勘左衛門茂則
和佐大八郎

## 通し矢の英雄「星野勘左衛門茂則」

江戸文化として栄えた通し矢の歴史の中で、最も偉大な英雄と謳われたのが星野勘左衛門茂則であった。

勘左衛門は、寛永十九年（一六四二）星野則等の第三子として生まれた。

先祖は、熱田大神宮大宮司季範より出ず、とされる名門であった。

勘左衛門は幼い時より体力に恵まれ、武芸に秀で、長屋六左衛門忠重に弓術を学び、通し矢の道を目指した。

父の則等は、尾州藩主徳川義直に仕え、馬廻・足軽頭などを務めていたが、名門ながら禄高は低く、戦いのない現状では高禄武士となる道はただ一つ、三十三間堂通し矢で日本一になる事しかなかったのである。

勘左衛門は尾張一を決める大会では、いつも二位を大きく引き離し、ついに万治三年四月四日初めて三十三間堂に上がったが、総矢数七七七二射中、通し矢五二六五本という平凡な記録に終わってしまった。

この頃天下一の記録を作っていたのは紀州の吉見台右衛門で、その記録は総矢数九七六九本中通し矢六三四三本であった。星野は四回失敗し、一度は腹を切ろうとしたが長屋に制止されたこともあった。

五度目のチャレンジとなる寛文二年（一六六二）五月二十八日、総矢数一〇一二五射の内通し矢六六六六本を通し、ついに念願の天下一となったのである。

吉見の記録を破った時、そして暮六つを迎えすべてを射終えた時、群衆は総立ちとなり鯨波（とき）の声のようなどよめきと共に、大きな拍手が湧き起った。星野も、これまでの失敗して終わった時の心の空しさと悔しさを思い浮かべつつ、心の底から湧きあがる喜びでいっぱいとなった。改めて勝負は勝たねばならぬ、勝つことの素晴らしさを噛みしめるのだった。勝つことは生きること、と悟った。勝利は、他の人にも感動を与える。

星野の天下一を最も喜んだのは、尾張藩主であった。星野の功に対し、五百石を与えたのだった。

一説に星野は紀州から来たとされるが、これは杉山三右衛門と混同した説と思われる。南紀徳川史は貴重な資料であるが、人の噂をまとめ明治時代に書かれた本であるので、間違いと考えられる箇所が随所にみられる。星野の天下一の記録の後、この記録を破りそうな者も出現せず、六年間ほどのんびりした日が続いた。

彼は、五百石取の武士にふさわしい新しい家を建てた。尾州一の琴の名手といわれる美しい妻・りえとも結ばれ、屋内でも毎日弓が引ける天井の高い部屋を造った。星野が永年夢に描いた空間であった。しかし星野の記録の六年後となる寛文八年（一六六八）五月三日、紀州藩の葛西園右衛門が通し矢七〇七七本を射通し、星野の額を降ろし、天下一の名誉は紀州藩に移ってしまった。

これに対し、尾州藩主光友は直ちに長屋と星野を召し、必ず紀州の記録を破るよう命じたのである。

幸い星野は、いつの日かこの時が来ることを予測し、連日五千射の射込みを続けていた。さらに用具に関しても長屋と共に研究を続け、理想の物が見えてきていた。

星野勘左衛門が、これと決定していた用具は次のようなものであった。

弓：長さ…六尺八寸（二・〇六メートル）通常の弓は七尺三寸（二・二一メートル）
・弓力…四貫三百匁（約十六キロ）の重りを弦に掛け、一尺九寸（五十八センチ）開いたとされる
練習では、一寸（三・三センチ）の弓を用い、本番では弓を極めて弱くした（推定二十四〜二十五キロ）
・弓の厚さ…六分七〜八厘（二・〇三〜二・〇六センチ）
・弓の横巾…八分二〜三厘（二・四八〜二・五十二センチ）
・弓把の高さ（弓と弦の間隔）…　五寸五分（十六〜十七センチ）矢数が増えると二分ほど下げた
このような弓を十五本ほど用意した。連続して千射も引くと弓力が弱るため、交換する必要があったためであった。
弦：三匁二〜三分（約十二〜十二・四グラム）
矢をつがえる部分（中関といった）には三味線の糸（絹糸製）を二重に巻いて作った
矢：麦粒の矢砂ずり　弓の強さに応じ、または把の高さに応じ十四種類の異なる矢を八千

五百本用意した

・矢束（矢の長さ）…二尺八寸七分（八十七センチ）

・矢の重さ…朝方は四匁二〜三分（十五・八〜十六・一グラム）次第に軽くして夕方には三匁七〜八分（十三・九〜十四・三グラム）にしたという。

先手碟（押手ゆがけとも云う）：鹿革で五本の指が入るようにし、手の平の部分には真っ黒なニベ（鹿皮を煮詰めた接着剤）を塗った。また、人差し指と親指の中間の部分に、狙いを定める円筒状の皮を取り付けた。庇の一か所に穴あきの銭を吊るし狙いとした。

精神的には七情を取り去り、大日如来の如き心境になることを学んだ。

このような万全の準備をし、八千本と染め抜いた大幟（はた）を先頭に寛文九年五月二日、侍の集団が続々と三十三間堂に入ったのである。これを観て京の人々は、これから始まるであろう通し矢のドラマに思いを馳せ、異常な興奮に胸を高ならせていた。

「おいおい、今度は八千本も通すらしいぜ。あんな大きな幟を立てて、成功しなかったら大恥をかくのになあ。」

「将軍様も、もうこれ以上の射手は出ないと云われた葛西を上回る者が出るとは思わないだろうに・・・。」

「八千本とは、尋常な数字ではない。失敗したら腹を切るのかのう。」

人々は、口々に勝手なことを言い立てながら、明るい内から三十三間堂の良い場所をあらかじめ確保しておくため、それぞれ呉座や座布団を持ち竹矢来の外側に集まり始めていた。

勘左衛門は芝前の練習を数射した後、三十三間堂の端に上がり、眼をつぶり神仏に祈った。それは、成功への願いではなく、「南無八幡大菩薩、我をご照覧あれ」とつぶやいたとされる。暮れ六つの鐘と共に一斉に松明（たいまつ）に火がつけられ、煌々と燃え上がり真昼の如き明るさとなった。と、同時に勘左衛門は第一射を放った。

矢はうなりを上げ、天井にも床にも触れることも無く向こう側に消え、通し矢の成功を告げる太鼓がどーんと大きく鳴り響いた。続いて連続してそれは鳴り続け、五百射位まで外す矢とてなかった。見物人はその凄さに圧倒され、勘左衛門の「エイッ」という裂帛の気合とそれに呼応してときの声係が「オー、オー」と叫び、連鼓する太鼓の音と共にその迫力に酔いしれた。篝火と松明の明かりの中、うなりを上げた矢は常時空中に途切れることなく飛んでいた。百射毎に矢取りの間があるが、矢取りの者も矢を拾いながら星野に応援の声をかけ続けた。矢取りの間も星野は常に小刻みに肩を動かし続けていた。

夜中の十二時頃、星野は一度行射を休み、瀉血（身体の一部を傷つけ、そこから悪血を抜きとる医学的療法）を行った。しばらくの休養の後、再び不死鳥の如く甦り（よみがえり）行射し、ついに次の日の正午、あと三刻（六時間）を残し、なんと総矢一〇五四二射の内八千本を射通したのであった。

見物人全員がさらなる三刻でいったい何射通すのか、固唾を飲んで見守ったが、あろうことか、勘左衛門は八千本を射通したところでピタリと行射を終了したのだった。介添えの長屋ですら、もう千射通すのを勧めたが、勘左衛門の決意は固く、次のように言ったと伝えられる。

「余力尚射るべし。然れども、吾いま多数を射らば後来天下の諸士吾に凌駕するの難きを念いて、堂射遂に廃絶し、射術の衰微を来たさん。」と・・・星野は神仏に向かい深々と感謝の心を示したが、心の中では、必ずこの記録を和佐大八郎が追ってくる事を予感していた。

和佐は敵方ではあるが、星野は和佐が異常なほどの弓術の才能を有していることと、熱心に練習に取り組んでいる人柄に感じ入り、武芸者として和佐を大成させたいという神のごとき心を有していたのである。星野は射終えた後直ちに各役員にねぎらいの酒をふるまい、馬に騎して所司代、町奉行などに詣で謝辞を述べた後、京の島原に仲間と共に繰り出し、夜を徹して痛飲したとされ、その体力の凄さに京の人々は度肝を抜かれた。と、云われているが、これは他藩の追随を諦めさせるため家老竹腰が策した話が拡がったもので、事実はさすがの星野も一杯の酒の後、倒れるように寝入ったのだ。多くの射手は射終えるとばったりと倒れるか、倒れないまでも意識は朦朧とし、とても馬になど乗れるものではなかったのである。

前年、将軍家綱公が上覧された際、将来萬世を経るといえども永久にこれを射越す者あるまじ、と言ったとされる紀州の葛西園右衛門の七〇七七本を何と一年も経たぬ間に九二三本も上まわり、天下一を尾張に取り戻したのである。当時の人々は、これは人事を超越した出来事と認めたが、褒める言葉さえ失うほどの驚きであった。そして儒学者等多くの学者も八千本の記録もさることながら、六時間も余してそれ以上引かなかった星野の行為の理由を知らされると、こぞってその人柄を誉めそやした。自分の名誉のためだけでなく、次に続く者への思いやり、やさしさ、これぞ真の武士の鏡と名声はうなぎ上りに上昇するばかりであった。

星野天下惣一、その報は早馬にて尾州藩公に直ちに伝えられた。巷では瓦版の号外が出され、帰りを待って提灯行列がなされ、星野は尾張のみならず天下の英雄になっていた。

藩公からは大いなる喜びとして、直ちに三百石を加増され、八百石取の武士となった。

星野は日本一になってからも、自ら行射を続け、長屋・杉山と共に尾張弓術の指導にあたり多くの門弟の育成に尽力した。そして、星野が天下惣一を成し遂げた十七年目の貞享三年（一六八六）四月二十七日、遂に紀州の和佐大八郎が三十三間堂に登ることとなった。和佐は二年前三十三間堂にて千射を射て、八六五本という平凡な記録を出したのみで、三十三間堂での大矢数（二十四時間）の体験は無かった。この年大八郎は二十四歳になっていた。身の丈六尺二寸、その肘力は誰にも負けないとされていた。しかし星野から見ても、天下惣一を成し遂げるにはあと二・三回の経験が必要であった。

情報では、この度は失敗したら切腹の覚悟であると聞かされていた。また母親は和佐の成功を願いお百度参りを行っていることを耳にしていた。まだ早い、星野は直感的にそれを感じていた。地元の折掛射場や堂形射場と三十三間堂とでは精神的なものが全く異なる。特に、十二時間引き続けた時にやってくる疲労と筋肉の硬直化をいかに取り去るかの体験なしには、七千射は決して超えられないことを星野は体験で知っていた。

大八郎を助けてやれるのは自分しかいない。しかし、紀州と尾州は敵対している仲である。場合によっては裏切り者のそしりを受けて切腹させられることもあり得る。が、それを恐れていては何も出来ない。星野は迷うことなく自分の心に従って行動することを決心していた。自分の命はどうなろうと、大八郎の命を助けなければ一生後悔するであろうと思った。

星野の憂慮していた通り、大八郎は最初の内は順調に通し矢を重ねていたが、時々は休みを入れ、食事をしたり矢取りの時も身体を動かし続けることをしなかったつけが明け方にやってきた。四千五百射を通したあたりからめっきりと矢勢が落ち、矢は床に刺さるばかりとなり、なにやら意識も朦朧とした様子で遂に一射とて引けなくなった。誰の目にも、もはや切腹しかないと感じられていた。これを見て、尾張の家老竹腰は、和佐の勝利はないものと確信し、島原の街に繰り出してしまった。

その時、塗編笠をかぶったひとりの男が大八郎に近づいた。それが、尾張の名人星野勘左衛門であった。一般的には、手にできた豆を切り裂いてやったとされているが、実際は身体の各所に切り傷をつけ、そこから悪血を吸い出す浄血療法であった。星野は自分の体験からそれを学んでいたのだ。この時の和佐の後見人（介添）をしていたのは吉見順正であった。手にできる豆の治療ごときは、吉見にもできたが、浄血療法までは学んでいなかった。

星野が小さな切り傷を入れたところからは真っ黒い血が噴き出した。竹筒の中の薬湯を飲み、一刻半ほど休んでから再び堂に登った時、大八郎はまったく別人の如く生気を取り戻し、凄まじい勢いで矢を通していった。中止の暮れ六つの鐘が鳴り終えるまで行射し続け、遂に総矢一三〇五三射、内八一三三本を射通し、見事天下惣一を成し遂げたのである。

これを確かめることなく、星野は身の危険を感じ、どこともなく姿を消した。

一方、京に来ていた尾張の家老竹腰は和佐を助けたのが星野と知り、大いに激怒し探し出し召捕らえるよう命じたが、どこにも星野の姿は無かった。それどころか、一夜明けた時、京でも尾張でも、いや全国の人々が和佐の日本一のことよりも、敵ながらこれを助けた星野を天下一の武人として褒めそやしていた。

日本の武士はかくあるべしと、その友愛に満ち、自己を捨てた行為は、多くの人々の心を打ったのである。上杉謙信の評価が、武田信玄に塩を送ったことにより、より高まったと同じように、星野の行為は以前にも増した英雄像を造り上げていた。六時間を余し、それ以上の矢を射なかった行為に加えて、ゆるぎない武士の鑑と捉えられていたのである。こうした英雄を放っておくことは出来なかった。尾張藩公は直ちに星野を英雄として迎えるよう指令したのである。藩公はさらなる英雄となった星野に尾張藩の弓術師範を命じた。しかし、しばらくして家老を通じ、星野に再三にわたり、再度和佐を破るために堂に登って欲しいとの要望があった。

尾張全員の人々も星野に再度、和佐を破るため堂に登って欲しかった。しかし、星野は既に四十五歳となり、もはや肘が言うことをききませぬとの理由をつけ、決して三十三間堂に登ろうとはしなかった。

星野にも心の悩みは多かったのである。親とも思える師の長屋六左衛門が貞享二年（一六八五）十二月十九日、享年七十三歳で没した。

星野の天下惣一は、まさに長屋のお陰であった。そんな師を失い、星野は世の無常を強く感じていた。

星野は実は肘など少しの痛みも無く、四十歳台とは言え、まだ八千二百本は射通せる自信はあった。

そして、そのための更なる苦しい練習ばかりでなく、期待に添えなければと言う、夜眠れない程の精神的苦しみも克服出来る自信もあった。だが、自分がもしそれを成し遂げた時、必ず大八郎は更なる期待を掛けられて苦しむであろうことが目に見えていた。

大八郎にそんな苦しみは与えたくなかった。藩の名誉をかけた戦いは、このあたりで終りにすべき時期がきていることを感じていた。この期に星野は仏門に入り浄林と号した。

通し矢の数はすでに神の領域に踏み込んでおり、これ以上はそこに立ち入るべきではないとも思った。

浅岡が五十一本を通して以来用具に多少の工夫はあったとしても、同じ人間として努力次第で実に百六十倍の力を発揮し得るものであることを証明したが、それにも必ず限界がある。

つまり花でもどんどん大きく膨らんでいき、大きく咲いた時それは散る。三十三間堂通し矢も花は充分に咲いたのである。

星野の予想通り、和佐の後この記録を破るものは無かった。長屋の死の前に、長屋が貞次より唯一人伝授された尾州竹林流の道統を星野が引き継ぎ、尾州竹林派を始称、多くの門弟を育成した。

星野の指導には、次のような特徴があった。

弓の技術の指導の前に、まず体力をつけること。毎日走る。

木登り、木刀振り、石かつぎ、両手歩きを毎日の必修とした。

弱弓から始め、体力が付くにつれ次々と強弓に変えさせた。

友愛を重んじ、仲間を大切にさせた。

真善美を目標とし、決して自負慢心をせぬよう戒めた。

喜怒哀楽などの七情を禁じた。

疲れに対し浄血療法を指導した。

弓の本質は矢早と当りであること。

そのため、小的の的中の練習も取り入れた。この「当りて矢早」の教義は竹林派の弓の日標となった。


弟子たちには、いつも自分は一分の才と九割九分の努力で天下を成した、と語ったとされる。

このような星野を慕い、他国からも指導を乞いに三百五十名という多くの門弟が集まった。

通し矢の挑戦から自分を解放した晩年の星野の弓を引く時の表情は、心から弓を楽しんでいる風情が感じられ、円空仏の如きの微笑みが感じられた。星野勘左衛門は天下無双の射手であったが、その人柄といえば、第一に無欲ということが挙げられる。当時の人々は、一休和尚か西行法師の再来と称し、八百石という高禄にありながら衣服も食事も極めて質素で、周りの家来衆を思いやり、衣類その他を多く与えたと伝えられる。

江戸時代の僧である
円空の木彫りの仏像。

（絵：芦澤　馨）

三百五十名もの弟子達に対しても分け隔てなく、一人ひとり親切に指導した。それぞれの射手の骨格に応じ、決してひとつの型にはめようとはしなかった。

射手によって、異なる教えを施したのである。

子息則春は、この環境の中に育ち立派な射手となり、赤穂の早水藤左衛門（後に吉良邸討ち入りで活躍）と並んで弟子の筆頭に名を連ねた。

この星野系尾州竹林派弓術は、星野勘左衛門以来血統十代久則〈明治三十九年（一九〇六）没〉まで継続したが、久則に嫡男が無く、他姓富田常正が十一代を継承した。残念ながら星野家の多くの資料は火災に遭い殆んどが失われてしまったと言う。尚、星野の系統は赤穂浅野藩を始め、高須藩、平戸松浦藩、弘前津軽藩にも伝流した。また、星野勘左衛門の門人渡辺寛が元禄以後江戸に移り、江戸竹林派として江戸旗本間に隆盛となった。

この江戸竹林は幕末期に本多利実（大正六年八十二歳で没）に継承された。明治に至って利実の新たな考えで、体育的観点から正面射起こし（それまでは斜面射起こし）に変え、本多流として全国的に盛んになっていったのである。

こうして星野の晩年は多くの門弟に恵まれ、則春と宗則という立派な二人の子供に恵まれ、八百石という高禄武士として、「竹林指矢弓秘伝」等の竹林派の指導書を書き上げつつ何一つ不自由のない幸福な日々を送った。

そして、和佐の不祥事を知ることも無く、元禄九年（一六九六）五月六日、五十五歳の生涯を終えた。星野勘左衛門は、講談等でも三十三間堂通し矢の英雄として、末代まで語り継

竹林略系図

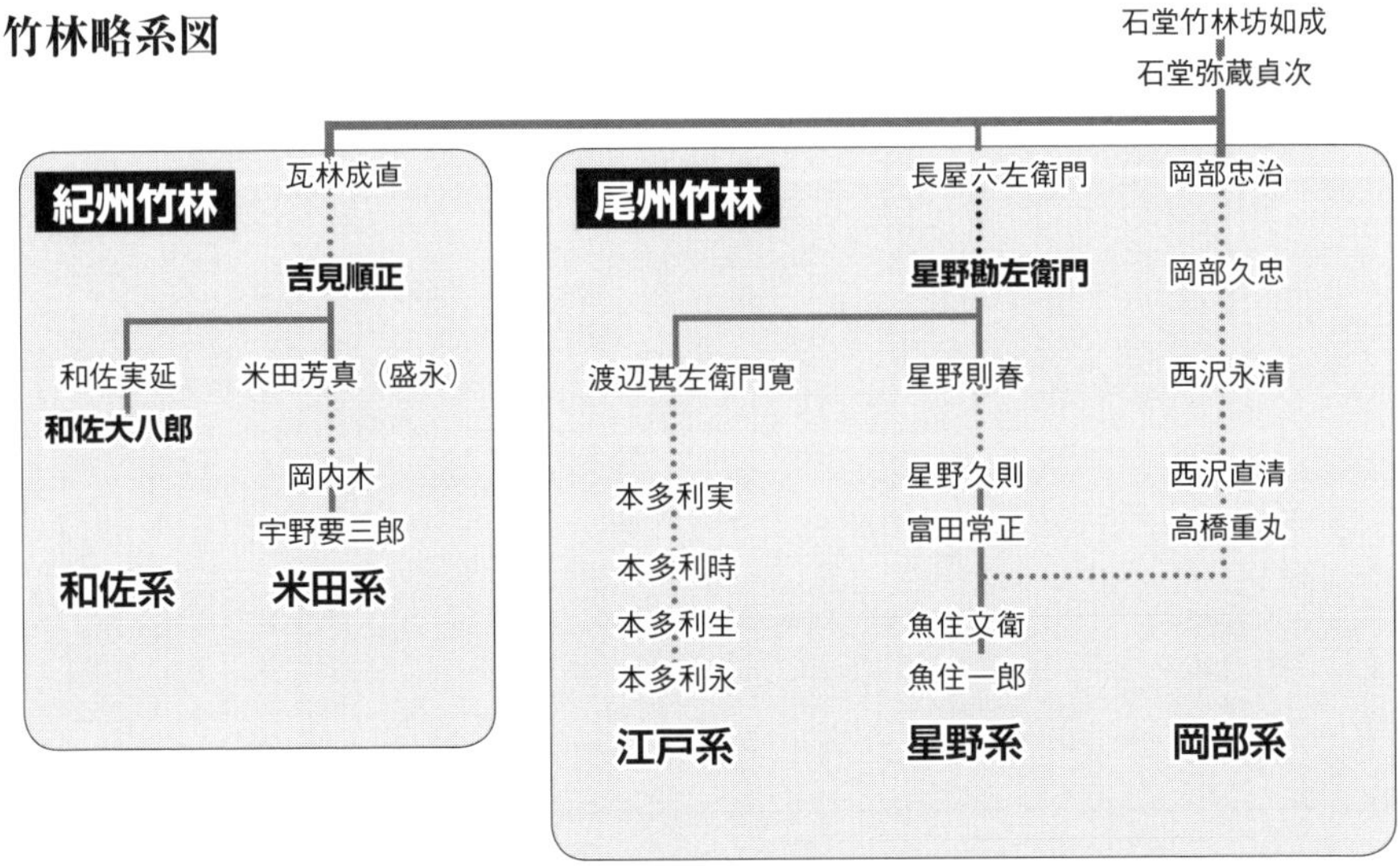


がれる存在となったのである。

墓は、名古屋市東区高岳陵、現在の平和公園高岳院墓地にある。墓碑銘には、「大忠院英誉射講浄林居士」と刻まれている。

## 悲劇の英雄「和佐大八郎」

通し矢で天下惣一を成し遂げた射手の人生を調査していく中で、最も悲劇的であるのが和佐大八郎である。

和佐大八郎を捕え入牢させたのは、紀州藩主徳川吉宗である。筆者は和佐がどんな悪事を働き捕まえられたか疑問を抱き、古文書をあさってみた。和佐は入水自殺したなどと信用できない文書もあったが、南紀徳川史など、古文書によると和佐の弟半六が、和佐の子ども貞恒を名門松平家に仕官させようと賄賂を送り、競争相手を中傷した事が露顕し捕まえられ、吉宗の定めた綱紀粛正を守らなかった罪として打首となった。しかし、半六は、和佐大八郎に相談なしに、自分の判断で行ったようにも思われ、さすれば、大八郎は全くの無罪のはずである。

大八郎は星野勘左衛門の助けを借りたとはいえ、以後誰も破れなかった通し矢八一三三本の記録を出し、天下惣一を紀州にもたらした大英雄であった。

そして、三百石の武士となった大八郎は、立派な家屋敷を作り、その後貞享五年（一六八八）藩主綱教附の射手役となり、二百石を加増され、五百石取りの武士となった。

紀州小町と言われた妻・あきと結婚し、男の子貞恒が生まれ、弓の技術は円熟の年を迎え、元禄二年（一六八九）には師の印可を得て、吉見の跡を継ぎ、紀州竹林派の頂点に立つのは既定の路線と言われていた。そんな紀州の英雄を何故入牢させたのだろうか。全くの私見ではあるが、次期将軍を目指していた吉宗は、自ら定めた法令には、天下一の英雄でも差別せず、守らせるという風評を得たかったのではなかろうか。つまり、和佐は吉宗の将軍になるためのプロパガンダにさせられた気がするのである。

こうした吉宗の態度は、名君との評を得て次期将軍への道を固めたのだった。現在暴れん坊将軍とかテレビや映画で、天下の名将軍として伝えられているが、本当にそうだったのであろうか。そこで吉宗について調査してみた。すると黒い影の部分が見えてくるのである。

吉宗は、貞享元年（一六八四）、紀州藩主二代目の徳川光貞の四男として生まれる。母は和歌山城の大奥の湯殿番で、湯殿において光貞の手がついたとされる。幼い頃は、手に負えないほどの暴れん坊であった。宝永二年（一七〇五）、長兄綱教が死去し、続いて半年の間に父光貞、三兄頼職までが病死したため、吉宗は二十二歳で第五代藩主になるのである。兄たちの死が、いずれも同じような死に方をしているので、吉宗による暗殺とする風評が流れた。あくまで推測にすぎないとされたが、当時、藩主様に調査する者などおるはずが無かった。歴史は常に勝者のものなのである。

さらに吉宗は将軍になってから、御庭番なる制度を作り、隠密御用に使った。その中に伊賀御庭番もあり、伊賀者と通じていた事が推察される。吉宗は、目的のためには手段を選ばなかった人物とも思えるのである。

享保元年（一七一六）、第七代将軍家継が八歳で早世し、世間の学者たちは、御三家筆頭の尾張家が次期将軍にふさわしいとの評であった。しかし、吉宗は天英院や生母月光院が決定権を握っている事を調査し、彼女らに金品を送り、将軍の座を勝ち取るのである。

　吉宗はその後、天英院に対しては、年間一万二千両という報酬を与え、月光院には、居所として吹上御殿を建設し、年間一万両の報酬を与えた事は史実が証明している。また吉宗は、好き嫌いが激しく、新井白石の書を禁書としたり、心中未遂の者たちを集め、さらし者にするなどの事も行っている。

　和佐村の桜は、ふっくらと膨らみ、まもなく見事な花を咲かせようとしていた。

　大八郎は毎年、愛する妻と、母、そして我が子を連れ、川辺に連なる桜の花見を楽しみにしていた。

　しかし、その日を間近にし、大八郎は田辺城内長ヶ蔵に幽閉の身となってしまった。天下一の英雄が一瞬にして罪人となったのである。

　大八郎はこれ以上恥をさらしたくないとの思いから、何度自害しようと思ったかわからない。衣服を切り裂き紐にして、首を吊る場所を探したこともあった。

　しかし、心配している母のことを思うと、胸が痛み実行には移せなかった。武士として死ぬるなら、潔く切腹したいとの思いもあったが、そのための刀さえなかった。

　今まで栄光の道を歩んできた大八郎にとって長ヶ蔵での生活は筆舌に尽くしがたい辛さであった。

　眠れない夜が幾日も続き、話す相手とてなく、髭は伸び放題で、さしもの頑強なる身体も四年もの間に別人のごとくやつれていった。

我が子貞恒の差し入れてくれた墨と筆で般若心経を写経することが唯一の心の癒しだった。力なく座り、ぼんやりと暗い壁を眺めながら、大八郎は時折、三十三間堂での通し矢の事を思い出していた。

あの日、悪魔の囁きが聞こえてくる明け方、もし星野殿が助けてくれなかったら、間違いなく切腹していたはずだ。

さすれば、その後の栄光はなかった。

そう思えば、自分は幸せな一生であったのかもしれない。

天下惣一を成し遂げた時のその群集の賞賛とどよめき、一瞬で英雄になった心のときめき、殿の出迎え、和佐村の人々の喜び、提灯行列、三百石加増の感動、そして美しき妻との出会い。

偉業達成の後、紀州の弓界に君臨し師範となった日々。

弓を志す若者がまぶしく尊敬の眼差しを寄せる中での行射。

そんな輝かしい残像が大八郎の脳裏に次から次へと浮かんでは、儚く消えた。

もはや大八郎には幸せな未来を描く気力などなかった。

もしかすると、もう戻ってはこない過去の晴れやかな記憶をひとつひとつ思いだすことで、自分が最期を迎えるための準備をしていたのかもしれない。

そんな大八郎にも、ただ一つだけ願いがあった。

もう一度弓を引きたい、という心からの思いだった。

しかし弱った身体に、折からの寒さが加わり悪性の風邪をこじらせてしまった。

高熱を発し、症状の悪いときには、現実なのか夢なのかも同じように感じられた。

おぼろげなる意識の中に故星野勘左衛門や吉見順正が現れ、迎えに来ていることを悟った。

和佐家の墓の辺りには、杉木立の多い小高い山が数多くある。その薄暗い杉の木の間に、平家の落武者の霊か、あるいは半六の霊か、大八郎の霊か、時折そんな気配が感じられるという。「古道幻影」絵　井出文蔵

何の罪で捕えられたかも理解できなかったとされる和佐は牢内でいかに悲しみ苦しい時間を過ごし死んでいったのであろうか。

捕えられてから四年後、誰に看取られることもなく、和佐村の膨らみかけた桜を見ることもなく、五十一年の生涯を終えたのである。

和佐の墓は、和歌山の熊野古道沿いに走る新しい道を矢田崎に向けて三十メートルほど登ったところにある山中禰宜にある。そこに和佐は葬られ、「俗名和佐大八郎大伴範遠」と書かれている墓石がある。

墓の手前の道から眼下の集落を見ると、熊野古道が見える。雑木に囲まれた墓周辺は、すこし日が落ちるとうす暗い。

今でも猪が墓の周りを跋扈するという。周囲には、ススキが茫々と生い茂っている。

和佐の死後、今でも三十三間堂に天下惣一の額を掲げる和佐の偉業に対し、同情が高まっていった。

さすがの藩主吉宗も、和佐の死を哀れと思ったのか、罪人の場合、御家断絶となるのが通例であったが、和佐の子ども貞恒には高禄を与え、弓役として活躍する事を許し、和佐家は代々存続するのである。貞恒は、親の指導もあって弓の名手となったが、その性格は思慮深く、高潔な人物に育っていた。

時代を経て、大八郎は罪人としてではなく、西郷隆盛の如く和歌山を代表する英雄としての人気が上り、そしてその偉業を記念すべく、浄恩寺に家老並みの立派な大八の墓石が設けられた。

浄恩寺の和佐大八郎の墓石には、表面に院号つきの「到蓮院安譽休心居士」の戒名が、裏面には「和佐大八範遠」と刻されている。

浄恩寺に寄贈された練習用とされる弓（厚さ3㎝）

上は浄恩寺にある立派な和佐の墓石。下は和佐家の墓地。大八郎の墓石には俗名のみが記されている。

コラム

# 通し矢本番に臨むためのコンディション作り

筆者は、二十四時間に一万本以上もの行射のできる体力の作り方を知りたかったが、これに関しては、古書をあさってもどこにもその記述がない。体力増強のためのマシンなど皆無の時代にあって、石かつぎや木刀振り、あるいは木登りなど、子供のときからトレーニングをしていたと思われる。弓の練習も、現在に残る、和佐大八郎が使用したとされる練習用の弓を見ると、厚さ三センチ近くある丸太のような強弓で練習し、本番のときは弱弓を使用したことが分かっている。

また、命をかけた通し矢におけるコンディションづくりの諸注意は、各流派に残る古文書や伊勢貞丈の古文書などに多く記述がなされている。これらの諸注意は、入江康平著の「堂射」にも詳しくまとめられているが、これらを参考にさせていただき、コンディションづくりを列挙してみた。各流派によって表現方法は異なるが、ほぼ同じような内容である。

射手の心得

一、七日前より異性に接すべからず
たとえ嫁であってもこれを守る事
一、酒は七日前より禁ず
一、三日前より風呂に入るまじき事

一、力仕事はしない事、相撲など取らない
一、灸治は十五日前よりいたさない事
一、爪は三、四日前に取るべし
一、食事は固い物をさけ、柔らかい物を食す事
一、七情ある時、弓を引かぬ事
一、練習は本番に向け少なくしていく事
　前日に練習は多くしてはならない

この心得は、まさに現代にも通ずることと思う。「三日前より風呂に入るべからず」は、江戸時代、風呂を焚くために水をバケツで入れるなど力仕事になるので、してはいけないことで、現代ではスイッチ一つで風呂が焚け、ゆっくり温まることで血流をよくし健康にいいことで、毎日入っても何ら悪影響はないとの思いがあった。したがって、知識としては知ってはいたが、重要とは思っていなかった。これが思わぬ失敗をすることになった。

ある年のこと、筆者が指導する中学生の中で、常時二十射十八中以上を記録する三人の女子生徒が育ち、七月に日本武道館において行われた全日本少年少女武道（弓道）錬成大会の決勝戦において三人で見事十二射十中で全国一位になった。その後、八月に関東大会なる大会があり、優勝は確実との思いがあった。

ところが、前日の宿泊が温泉宿で、いろんな風呂釜が幾つかあり、生徒たちは喜んで一時間も風呂を楽しんでいた。そのため、次の日の大会で、三人ともまったくの不調で入賞すらできない結果となった。これは明らかに指導者の責任である。

このとき、江戸時代の、「三日前より風呂を禁ず」の意味がようやくにして理解できたのである。

## ◆ストレスと七情の関係

次に、弓を引くときに最も注意すべき七情について説明してみたい。嬉しい、悲しいなどの感情は、人間らしく生きるためには欠かせない感情である。しかし、度が過ぎて感情のバランスを崩すと体調も崩れてしまう。

東洋医学では、怒・喜・思・憂・悲・恐・驚の七つの情緒変化を「七情」と呼び、これらが強すぎたり長期間続いたりすると病気を引き起こすことになり、ストレスとはこの七情のバランスが乱れた状態のこととされる。

## ◆七情と臓器に与える影響

日本中医薬研究会による発表によると、

「悲・憂」は肺を悪くし、呼吸器系の働きが弱まる
「怒」は肝の働きが悪くなる　血圧が上がる
「喜」は心臓に悪い影響を及ぼす
「思」は胃腸の働きが弱まり、食欲不振が起こる
「恐」は腎の働きに悪影響を与え、気が下がる
「驚」は腎の働きに悪影響を与え、気が乱れる

以上のように七情があるときに弓を引いてはならないとの戒めであり、行射のときは、これらの七情のない無心の心で引くことが大切との教えである。

これらは理解できたが、筆者は、「喜」がそれほど身体に悪いのか理解できず、東洋医学の先生に、なぜ「喜」が健康に悪いのかを質問させていただいた。先生によると、七情の中で最も健康に悪いのが「喜」だとのことである。分かりやすく言えば、東洋医学における「喜」とは、「男女の喜」であり、これが最も心臓に悪いことのことであった。

四年経って川を上り、子孫を残すための作業を終えた後の雄の鮭は、すぐに全部死んで川を流れていく。その鮭は、脂気もなく、熊でさえこれを食さないそうである。

## ◆本番に対する練習の仕方

堂射に挑もうとする射手は、当日の十〜十五日前から、それまで行ってきた厳しい練習を少しずつ少なくして、堂射当日の五日前より極めて少なく練習に止めておくことが大切とされている。

筆者は、モントリオールオリンピックにおいて、日本アーチェリー選手団の監督を拝命したとき、世界チャンピオンであった米国のペース選手の練習方法を探った。彼の練習を見学したくて米国選手の練習場に行ってみたが、日中何時になっても彼は練習に参加しなかった。そして夕方になり、やっと姿を現した。六射ほどして練習を終了したのである。

コーチ達に彼の練習方法を聞き出すと、二週間前まではものすごい矢数をかける練習をしても、順々にその数を減らし、試合二日前からほとんど練習しないとのことであった。つまり彼らは、身体の疲れを全部とり除き、当日に最高のコンディションで弓を射ることを実行していたのである。

なんと、これは江戸時代に堂射で射手が行っていた方法と同じなのである。

これを学び、日本選手に本番の二日前から練習しないで寝るように言ったが、ほとんどの選手が、自信がなくなるから練習させてほしいとのことであった。筆者の指導を聞いてただ一人実行した道永選手のみが、誰も予想しなかった銀メダルを獲得した。

日本選手は、日曜日に試合があると、前日の土曜日に練習を多くする傾向がある。前日の多くの練習は決していい結果は出ないことを、江戸時代の射手は多くの体験で熟知していたのである。

オリンピックで感じたことは、日本の選手団が最もまじめに練習に取り組み、アリのごとく毎日練習に出掛けるのに比して、外国の選手団は本番の二〜三日前からリラックスし、練習などしないことを知った。江戸時代、射手が命をかけて研究したコンディションづくりを、我々はもっと学ばねばならないのではなかろうか。

## ◆コンディションづくりに最適な食事

食事については、本番前々日より、「辛き物、かたき飯、かたき物、食すべからず」とある。いろいろ調査してみると、本番のときの食事はお粥であったようである。煮干しの煮汁で「ひえ」「あわ」を混ぜた七分米をお粥にし、竹筒などに入れて行射の間にもちょくちょく食事をとっていたようである。決して玄米のむすびなど食していなかったようである。我々は、江戸時代の人達は玄米を食していたから健康であったように思っている人が多いようだが、これはどうやら間違っているようである。

筆者もあるとき、体調をよくしようと思い、田舎から玄米を送ってもらって毎日食べるようにした。ところが、弓の友人が、玄米を続けて食すると身体に悪いと教えてくれたのである。玄米は身体によいと信じていた私は、信じられず、慶応病院の先生にこのことを質問すると、ただちに栄養短期大学に出向いて調査して下さった。その結果、玄米はすぐに中止してくださいとのことであった。

その理由は、玄米には、その皮の中にフィチンという物質があり、これが体内に入ると身体の中の鉄分と結合し、その結果貧血になって体調を壊すというのである。

よく考えると、江戸時代、人々はこのことは体験で知っていて、各所に水車小屋を作り、玄米を七分搗き米にして食していたのである。確かに、白米より玄米のほうが栄養を多く含んでいることは確かであるが、悪いものも含んでいることを多くの人が知らないでいる。

梅も、鳥が食べないように、熟するまでは有害物質が入っている。また、モロヘイヤの種子も有毒として知られている。

生徒達の食事を調査してみると、部員の中の数人が玄米を食していることが分かった。その子供は痩せた子が多い。すぐに中止するように言い、たいへん感謝されている。横綱白鵬は筆者の弓の弟子であるが、体調を改善しようと玄米を食べ始めたということを新聞で知り、直ちにやめるよう電話を差し上げた。すぐに中止したとのことで、その後全勝優勝を飾った。

世の中には、常識の嘘ということが多くあるようである。

第五章　通し矢列伝④

# 歴史を駆け抜けた弓の名人たち

早水藤左衛門
安藤早太郎

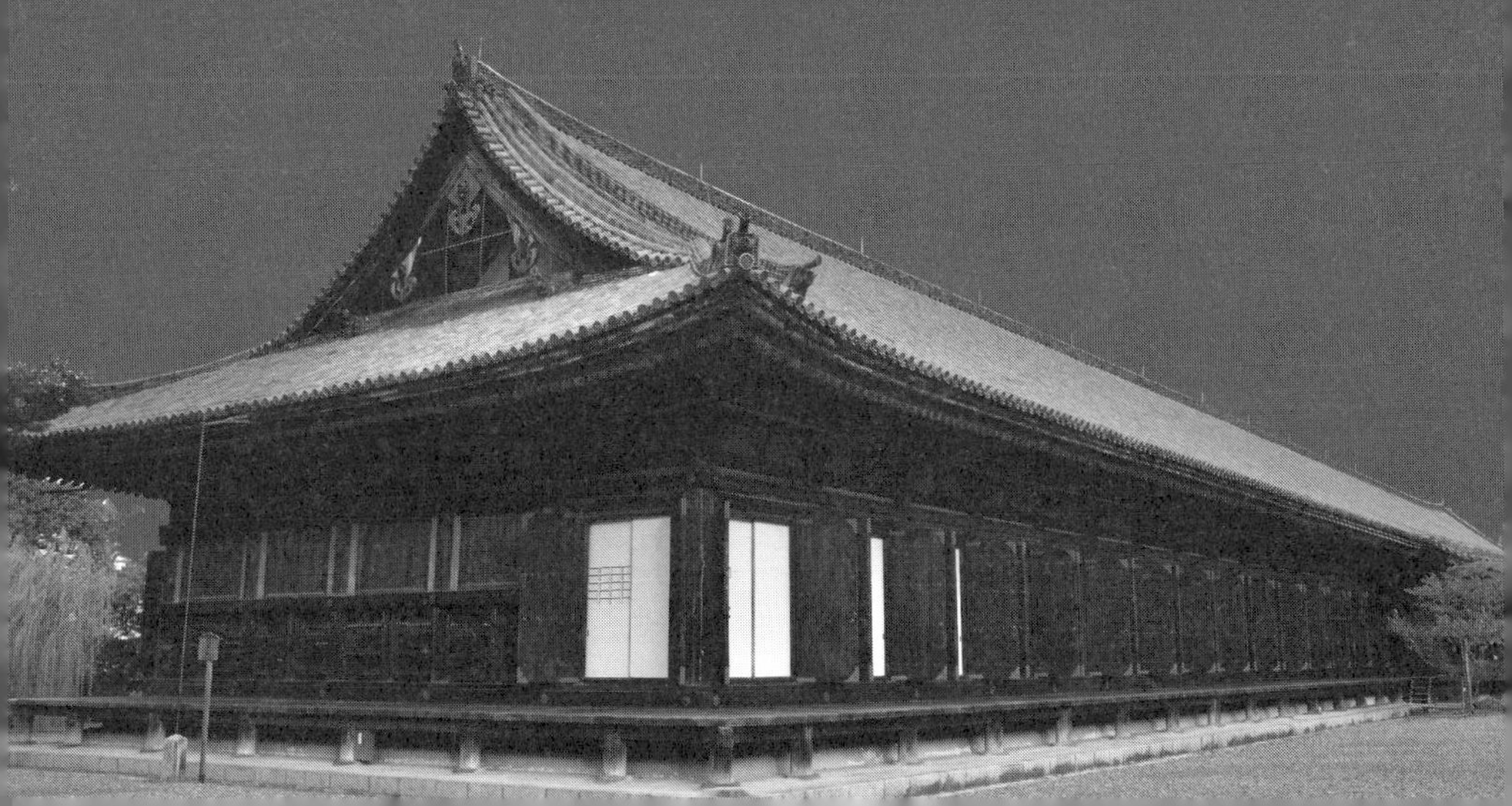

## ――赤穂浪士にいた通し矢の名人「早水藤左衛門」

愛知県の魚住一郎範士より、通し矢の参考資料としてお送りいただいた『愛知県弓道主要年表』の江戸時代の部分を丹念に見ていたところ、ある一行が眼を釘づけにした。

「天和元年（一六八一）赤穂浪士早水藤左衛門、星野勘左衛門に通し矢を習う」

早水が弓の名手であることは知っていたが、まさか星野勘左衛門に指導を受けていたとは知る由もなかった。さらに詳しく調査してみると、『尾州竹林派星野系譜（尾張藩弓術竹林教典）』に左記のような系譜を発見した。

竹林派二世

尾州系

石堂為貞――長屋忠重――星野勘左衛門茂則――星野則春

早水藤左衛門満尭

（赤穂浅野系）

これによると、早水は星野の二代目則春と同等に列せられている。通し矢八千本を射通した星野を慕って当時三百五十名ほどの弟子がいたが、その筆頭ともなれば、一昼夜で一万射以上を行射出来る名手であったことは間違いない。

実は赤穂藩では、それまで二回ほど三十三間堂に射手を送っている。小藩ながら赤穂塩で財政は豊かであり、早水は三人目として通し矢の名人を目指し、修行していたのである。

今まで何十回となく、十二月には「忠臣蔵」をテレビ、映画等で観て感涙にむせぶことはあったが、心のどこかで「刀と刀の戦いで、赤穂浪士に一人の死者も出なかったことは腑に落ちない」として、どこかモヤモヤとしたものが残っていた。

討ち入りの事実が伝えられて、時の将軍綱吉は、「なぜ赤穂浪士方に一名の死者も出なかったのか」と問うた。側用人の柳沢吉保は、「赤穂浪士は完全武装していたのに対して、吉良側はしていなかったことの差です」と答えて、弓の話は何も語らなかったという。

そこで、早水という通し矢名人を通して、弓の話をあぶり出してみよう。

元禄十五年十二月十四日（一七〇三年一月三十日）未明、本所・吉良邸の表門に、大石内蔵助を大将とした表門隊二十三士が集結。一方、裏門には大石内蔵助嫡男大石主税を大将とした裏門隊二十四士が集結した。

表門は竹梯子を使い、予定どおり、まず大高源吾と小野寺幸右衛門が塀を乗り越え邸内に侵入した。幸い犬は飼われておらず、番人も寝ていたため、訳なく邸内になだれ入り、かねて計画どおり、小野寺右衛門を中心とした一隊は、武器蔵の雨戸をこじ開け、吉良方の弓の弦を切り払い、征矢を奪った。五張の弓は弦を張ったまま持ち去った。

表門より進入した早水藤左衛門は、手筈どおり金槌と鎹（かすがい）を持たせた十名の者が吉良家家臣の住む長屋の雨戸にすばやく鎹を打ち込み、庭への出入口を封鎖するとともに、中央の扉のみを開け放った。そして早水自身は、中央扉のよく見渡せる庭の最も遠いところに布陣した。その隣には、弓の名手神崎与五郎と間瀬久太夫、さらに、若き時期には通し矢の練習に明け暮れたという齢七十六歳の堀部弥兵衛までもが弓を構えた。

早水は、堀部弥兵衛に見張りになってくれるよう頼んだのだが、

「なんの、昔取った杵柄じゃ。吉良の腰抜け輩を射倒すことなど訳もないわ」と、願いを聞き入れてはもらえなかった。

さらに、村松喜兵衛、岡野金右衛門も合流した。その手には、奪ったばかりの弓が握られていた。早水藤左衛門率いる弓隊が所定の位置についたことにより、吉良邸討ち入りの第一作戦が完了した。武器蔵制圧の報を聞いた大石内蔵助達は、手持ちの鉦（どら）を高らかに打ち鳴らしはじめた。

※注：一般的には「山鹿流の陣太鼓が打ち鳴らされた」とされているが、これはフィクションである。「人々心得覚」によると、用意されたのは「鉦（どら）」であった。鉦は大きな音が出るので、戦いの進退の合図に使用されていた。

## ◆浅野内匠頭と早水藤左衛門

早水藤左衛門満尭（はやみとうざえもんみつたか）は、万治元年（一六五九）、備前国岡山藩（池田家）家臣の山口家常の三男として誕生した。山口家の家督は兄の和夷が継いだため、元禄元年（一六八八）に播磨国赤穂藩の家臣・早水満輝の婿養子になった。

当時、赤穂藩城下においても、各所に通し矢の練習場が見られた。そのうちの多数が折掛道場となっており、多くの若者が「三十三間堂天下一」を目指して連日練習に汗を流していた。そのような若者の一人に早水藤左衛門がいた。赤穂藩では、年に数回、藩の代表名人を決める大試合が開催されるのだが、決まって一位になるのがこの早水であった。

引き締まったやせ型の外見に加え、端正な顔だち、何やら潤んだような美しい瞳が、藩中の女性たちにはたまらない魅力であった。実力はあっても、決して奢り高ぶることはなく、常に控えめで誠実な人柄から、人々の人気も高く、主君浅野内匠頭（たくみのかみ）にも大いにかわいがられていた。

弓の大好きな内匠頭は、早水にさらなる弓術鍛練を命じつつ、彼と一緒に弓を引くのが大いなる楽しみであった。内匠頭は早水に親しげに声をかけ、ときにはおはぎやまんじゅうの差し入れを持ってくることさえあった。

赤穂藩は、わずか五万石の小藩ながら、瀬戸内特有の雨の少ない気候により生産される上質な赤穂塩により、財政が豊かであった。京都三十三間堂に射手を送ることは莫大な資金が必要であったにもかかわらず、赤穂藩がこれまでに二回も射手を送ることが可能であったのは、このような背景があったのである。

早水は、三十三間堂に送られる赤穂藩三人目の射手として、大いに有望視された青年だった。内匠頭は、自らがかわいがっている早水を、何としても三十三間堂に行かせてやりたかった。そのためには、さらなる通し矢技術の向上が必要であった。内匠頭は早水に夢を託し、天下一となった尾州の星野勘左衛門のところに早水を弟子入れさせることを決めた。

当時、星野は、弓の世界において海内無双と称えられた神のごとき存在であり、全国から三百五十人を数える弟子を抱えていたが、誰よりも練習熱心で誠実な早水の様子がひときわ星野の目を引いた。まもなく星野も早水を大層かわいがるようになり、体力のつけ方、食事の注意に至るまで、細かく多岐にわたる指導を施した。熱心な早水は、それを見事に吸収していき、気がつけば彼は三百五十人の弟子のうち、誰にも負けないほどの腕前になっていた。

星野から直接指導を受けた後、早水は星野系尾州竹林を赤穂で指導することとなった。

しかし、師星野の記録は、通し矢八千本。早水といえども七千本が限界であり、星野の驚異的な記録を塗り替えることはかなわなかった。

そんな折、東山天皇の勅使柳原資康、高野保春ならびに雲元上皇の院使清閑寺熙定の江戸下向に応じて、幕府は、勅使饗応役として赤穂藩の浅野内匠頭を、院使饗応役として伊達左京を任じた。両名の指南役には、高家筆頭吉良上野介が指名された。

早水は内匠頭の命で江戸に同行することとなった。内匠頭にとって気の重い役目であったが、早水が側にいてくれるだけで心が休まったのである。

## ◆刃傷事件直後の江戸藩邸

元禄十四年（一七〇一）三月十四日、それは、何の前触れもなく起こった。

浅野内匠頭が、江戸城中『松の廊下』において吉良上野介に斬りかかったのである。

刃傷事件を知った赤穂藩江戸上屋敷には、内匠頭の弟であり、兄の養子に入っていた浅野大学長広が滞在していたが、内匠頭の正室阿久里から上野介の生死を問われても答えられないほど狼狽していた。しかし、そんな長広も、第一にやらなければいけないことだけは分かっていた。それは、この事件をいち早く国家老の大石内蔵助に知らせることであった。長広はただちに書状を書き、皆を集めて、足軽頭の原惣右衛門に、さてこの急使の役を誰にやってもらうかを相談した。

原はただちに答えた。

「それは、早水藤左衛門おいては他にございませぬ」

それから原は傍らにいた早水の眼をまっすぐに見据えた。早水は、原の眼をしっかりと見返し、口を開いた。

「急使の役目、それがし、お引き受けいたしまする」

そう答える早水の眼は、一瞬にして鋭い眼光を帯びたようであった。

「早水殿、たとえ早駕籠であっても江戸から赤穂まで六日はかかろう。途中眠ることはできぬかもしれぬ。以前に早駕籠の中でうっかり眠ってしまい、舌を噛み切ってしまった者もおった。充分に注意なされよ」

原はただちに塩むすび六個ほどを竹の皮で包み、青竹を切って作った水入れを用意した。

続いて、最も頑丈と言われた菅野三平が出立することとなった。

早水は、浅野大学からの書状を胸に、駕籠に紐を吊るし、舌を噛まぬよう手拭いを口に含み、赤穂へと向かった。

出発したのが、三月十五日の二時頃、そして三月十九日の四時頃赤穂に到着している。江戸から赤穂まで百五十五里（六百二十キロ）を、一日平均三十里のペースで走ったことになる。早駕籠といえども普通では六日かかるところを、この一行は五日で到着したのだった。

終日身体は上下に揺さぶられ、早水は何度吐き気に襲われたか分からなかった。ろくに眠ることもできず、並みの人間なら生死にかかわるような任務を、見事に成し遂げた。

通し矢で鍛え抜いた早水であったが、「ご家老、これを」といって震える手で懐から出した書状を大石に渡すと、任務を遂行したことへの安堵も重なり、その場にどっと崩れ落ちた。

「早水殿、大役を御苦労でござった。まずは休まれよ」

大石は、早水から手渡された書状をさっと開いて一読すると、事の重大さに驚き愕然とした。あの温厚で家臣思いの内匠頭が刃傷に及ぶとは……。

大石はすぐさま、赤穂にいる二百名ほどの藩士全員に登城命令を出した。

ただ、早水がもたらした第一報は、浅野内匠頭が吉良上野介に刃傷に及んだということしか書かれてない。午後七時頃、足軽飛脚による第二の急使が赤穂に到着するが、これにも刃傷事件の発生以外は書かれてなかった。さらに午後十一時ごろ、原惣右衛門元辰と大石瀬左衛門信清による第三の急使が到着してはじめて、浅野内匠頭切腹の情報が伝えられた。

枕元にて内匠頭切腹の報を聞いた早水は、嘆き悲しみ、言葉にもならない声を張り上げた。

早水藤左衛門にとって、浅野内匠頭は主君であるばかりではなく、一緒に弓を引いた同士であり、尾張への弓術修行へも送り出してくれた恩人でもあった。

その後、第四、第五の急使により、浅野大学長広お預かり、江戸の浅野家上下屋敷召し上げ等、続々と情報がもたらされた。

その中でも最も衝撃的だったのが、吉良上野介と吉良家へのお咎めなしの報である。内匠頭を刃傷へと駆り立てた吉良が生きながらえた上お咎めなしであることは、武士としての屈辱に他ならず、誰もが吉良への憤りを強く感じていた。

赤穂藩の評定は大いに紛糾し、幕府の開城命令に対して籠城を主張する者も現れたが、大石内蔵助は、吉良上野介への仇討ちを前提とした開城へと誘導し、浅野家中は開城で意見がまとまる。

## ◆早水藤左衛門、内匠頭の墓を高野山に建立

大石は、開城まもなく早水に大切な頼みごとをした。

「早水殿、殿の墓を高野山に建立する役、そなたにお願いしたい」

「ありがたき幸せ、殿の名に恥じない立派な墓を作って参りまする」

「頼み申したぞ。金子が足りないようなれば申し出られよ」

大石は、最も信頼する早水にこの大役を任せた。

早水は、親友の近松勘六と二人で高野山に出発した。

早水が初めて見る高野山は、素晴らしく魅力的な聖地であった。特に、奥の院に至る参道の、三人がかりでも抱えられないほどの杉の大木が立ち並ぶさまはしびれるほどの霊感に満ち溢れていた。

そこかしこに、歴史上に有名な武将の墓石が集結している。秀吉や信長の墓が立派なのは分かるにしても、三日天下で滅ぼされた明智光秀の墓石ですらも立派なたたずまいを見せていることには驚かされた。

早水と近松は、あちらこちら場所を物色した末、奥の院御廟橋近くの最も人目につく場所に立派な墓石を建立した。その出来上がった墓の前で、二人は誓ったのである。

「殿、暫（しば）しお待ちくだされ。きっと吉良の首を取ってご覧に入れまする」と。

しかし、早水藤左衛門の仇討ちへの道は困難を極めることとなる。

早水は、内匠頭を弔った後もしばらく赤穂で生活していたが、元禄十四年（一七〇一）八月には京都に居を移した。

そして十一月、大阪で同志の一人であった橋下平左衛門が遊女「はつ」と心中してしまう。真っ先に駆けつけた早水が、その後の一切の後始末をすることになったのだが、この事件は、早水の心に大きな影を落とした。なぜなら、赤穂藩改易により、早水も百五十石あった石高は没収され、たちまち生活が困窮し始めたからである。翌年にはついに金が尽き、備前国岡山藩にいる兄の元に金の無心もしている。

一方、残務処理が終わった大石内蔵助は、生まれ故郷の赤穂を離れ、山城国山科に隠棲する。山科に居を移した直後の大石内蔵助は、浅野家お家再興を進め、小野寺十内秀和とともに美濃大垣城へ赴いて戸田氏定に拝謁し、浅野家再興を嘆願した。また、江戸で浅野家再興運動中の遠林寺住職祐海とも書状で連絡をとり合った。

しかし、元禄十五年、(一七〇二)七月十八日、幕府が浅野大学長広に広島藩への永預かりを言い渡したことで、お家再興の望みは完全に絶たれる。これにより、内蔵助は仇討ち決行へと覚悟を決めた。七月二十八日、大石内蔵助は、急進派である堀部安兵衛を招いて京都丸山で同志との会議を開き、本所吉良屋敷への討ち入りを決意した。世に言う『丸山会議』である。すでに江戸に入っている急進派の同志により吉良邸の情報はもたらされていた。

吉良邸には、上杉家からの義侍に加え相当程度の数の雑兵が滞在している。また、吉良邸襲撃の報を聞いた上杉家から、さらなる援軍が送られる可能性もある。

米沢藩第四代藩主上杉綱憲(つなのり)は吉良上野介の実子である。三代藩主上杉綱勝(つなかつ)が嗣子のないままに急死したため、上杉家と米沢藩は取り潰されるべきところであったが、保科正之(幕府二代将軍徳川秀忠の実子にして会津藩主、綱勝の岳父にあたる)の計らいで、吉良上野介(扇谷(おうぎがやつ)上杉氏定の血筋)と富子(上杉綱勝の妹)との間に生まれたばかりの子、三之助(後の綱憲)を跡目にすることで存続を許された。

少なくとも百名以上いる吉良に対して、討ち入りの同志の数は五十人足らずであり、仇討ちの本懐達成は困難が予想された。

## ◆作戦立案

討ち入りを決意して程なく、内蔵助は早水を招いた。

「本日そなたを招いたるは他ではない、古来より戦は兵多くが勝つとされている。この度の戦は、味方の兵力が圧倒的に不足しており、まともに討ち入ったのでは本懐は遂げられないであろう。そこで、同志の中でも最高の射手であるそなたの意見が聞きたい。作戦の立案を手伝ってはくれまいか」

「ありがたき幸せ。実は、すでにそれがしなりの作戦を考えておりまする」

「なに、まことか。早速聞かせてはくれまいか」

内蔵助は身を乗り出した。

早水は、内蔵助がこれほどに自分を信じていてくれることに感動したが、落ち着いた口ぶりで語った。

「御家老がそれがしを呼びだしたということは、我が方の兵力不足を飛び道具にて補おうとのお考えと推察つかまつります。しかし、そのお考えには大きな落とし穴がございます」

「なぜだ。一人で斬り殺せる人数は限られるが、弓であれば一人で多くの敵を倒せるではないか」

「御家老は、我々が城攻めを行うということを忘れておられる。攻城戦における弓の撃ち合いでは、守りのほうが圧倒的有利です。吉良邸は、構造上、表門、裏門しか進入できる門がなく、ここに優秀な射手を配置されると、討ち入りと同時に我々は死体の山を築くことになりましょう」

内蔵助は多いに落胆し、

「確かにそなたの申すとおりだ。弓の撃ち合いでは我々に勝ち目はない。ほかの手段を考え出さねばならぬ」

「御家老、そう悲観することもございませぬ。弓を用いるお考えそのものは間違いではございませぬ。あくまで撃ち合いになれば不利だと申し上げております。要は、吉良方に弓を取らせぬような作戦を立案すればよろしいのです。

まずは、吉良邸の警護を取り仕切るのは上杉家家老小林平八郎です。この者、名うての知恵者なれば、討ち入りの報を聞くや、ただちに表門、裏門のよく見える位置に手練れの射手を配置するでしょう。我々は、それが分かっていても、表門、裏門から進入するしかございません。おそらく、吉良のいる奥屋敷にたどり着ける者は半数もおりますまい」

内蔵助は身を乗り出し、

「して、そなたの作戦とは」

「名乗り上げをやめてくだされ」

早水は、まっすぐに内蔵助を見据えて答えた。

内蔵助は一瞬目を丸くした後、激怒した。

「我等赤穂の浪士は押し込み強盗の類に非ず。この戦は、殿のご無念をお晴らしする正義の戦いぞ。合戦に際しては、堂々と名乗りを上げ、鉦を打ち鳴らし、正々堂々戦わなくては我等の大儀に傷がつくではないか」

「さきに申し上げたとおり、吉良に弓を使われては万に一つも勝ち目はございません。名乗り上げは手紙（口上書）にて代用し、吉良の弓を封じるまでは鉦を打ち鳴らすことも控えてくだされ」

内蔵助は、はたと膝を打ち、

「なるほど。そなたの考えでは、吉良邸へは静かに進入し、まず最初に武器蔵を制圧するのだな」

「さすが御家老、そのとおりでございます。吉良の弓を封じ、我等の弓隊が有利な位置に布陣してはじめて互角以上に戦うことができるでしょう」

さらに早水は、金槌と鎹（かすがい）でもって吉良家家臣の住まう武家長屋を封鎖すること、ただ一カ所だけ扉を開け放ち、飛び出してきた家臣達は即座に射抜くことなど、次々に作戦を提案した。

「長屋に詰めている家臣達は、ほとんどが金目当ての浪人に過ぎませぬ。命をかけて上野介を守る覚悟はございませぬ。射殺されると分かったうえで長屋を出てくる者は、それほど多くはおりますまい。つまり、わずかな人数の射手でもって吉良方数十人の兵士を押さえ込むことが出来申す。これこそが、兵力の差を埋める唯一の策に間違いございませぬ」

内蔵助は満足そうに頷いた。

今度は早水が内蔵助に尋ねた。

「して御家老、我々が討ち入った場合は、果たして上杉は援軍を出すでしょうか」

「うむ、早水殿、そのことじゃ。わしは、援軍の可能性は限りなく少ないと思うておる。実父の危機に際し援軍を出さねば、江戸中から『腰抜けよ』と言われるは必定。さりとて、綱憲は上杉家存続のために養子に来た身なれば、謙信殿より続く上杉家を私情によって滅ぼすことは出来ぬであろう。また、綱憲の考えがどうであれ、家臣がそれを許さぬであろう」

「それをお聞きし安堵いたしました。実は、上杉の援軍に対しても策を考えておりましたが、果たしてそれがしに師匠である星野勘左衛門が如き素質があるかはなはだ疑問であるため、自信がありませなんだ」

「さすがは早水殿、そこまで考えていたとは。して、その作戦もお聞かせ願いたい」

「なんの、難しい作戦ではございませぬ。それがしが上杉の援軍に対して長距離から矢を射かけまする。上杉の援軍が到着する時刻はちょうど陽が上り始める頃でしょう。たとえ長距離からでも、敵を確認することが出来まする。かつて我が師星野勘左衛門は、一丁も離れた刺客の頭を射抜きました。上杉の援軍が三、四十人程度であれば、援軍が吉良邸に到着するまでに少なくとも半数は射抜けましょう」

「なるほど。通し矢の名手として殿が目をかけただけのことはある。あい分かった。上杉の援軍の対処はそなたに一任いたす。もし綱憲自身が駆けつけたならば、見事にその頭打ち抜いて見せよ」

内蔵助は豪快に笑いとばした。

上杉綱憲は、よもやこんな会話がなされていようとは夢にも思っていないであろう。もし綱憲自身が援軍として来たならば、間違いなく、早水の強弓にて「兜」ごと頭を射抜かれて絶命していたに違いない。

本多流では、現在でも「堅物射抜」といって、兜を射抜く行事が行われている。さしたる強弓でなくても、技術によって矢は兜を射抜けるのである。

援軍を差し向けなかったことは、結果的に上杉家にとっても、綱憲にとっても幸いなことであった。

大石内蔵助は、かねてより吉良屋敷を同志に探らせていたが、ようやく吉良邸の詳細な絵図面を入手した。さらに、しばしば吉良邸に招かれている国学者荷田春満や茶人山田宗徧にも探りを入れ、武器蔵や警護の侍が寝泊まりする武者長屋の位置までも確認した。

早水は、自身が考えた作戦を元に、内蔵助に次の準備を依頼した。

金槌十本、鎹（かすがい）六十本、半弓十五張、征矢二百本、大弓五張。半弓とは、一般的な弓の半分の長さの弓のことで、屋内戦を想定した至近距離用武具である。

早水自身が使う弓は大弓で、三十三間堂通し矢のために作った弓の下端を四寸ほど切り詰めた、厚さ一寸（三センチ）の強弓を三張用意し、小者に命じて物干し竹に隠して荷車に積み、「物干し竹売り」とみせかけて江戸に運んだ。

半弓と征矢に関しては、大石が天野屋利兵衛に頼み、その他の諸具は書付にして堀部安兵衛に渡した。安兵衛は、江戸にて同志を集め、用意する用具を声高らかに読み上げた。竹梯子、まさかり、小笛、鉦等、その他必要なものを次々と挙げたが、その中の鎹六十本、金槌十本は、このとき誰も、何のために用意するのか知る者はなかった。

十二月二日、討ち入りの前、頼母子講を装って全同志が深川の八幡茶屋に集った。

このとき、討ち入り時の綱領「人々心得覚」が定められた。その中で、武器、装束、合い言葉、呼び笛などに始まり、以下のことが決められた。

一、吉良上野介を発見し時は、合図の笛を鳴らすこと。

一、万が一取り逃がした場合には、全員その場にて腹を切ること。

一、上杉方の援軍が来るときは、全員斬り死にするまで戦うこと。

一、裏門からの侵入は、鉦の音を確認してから門を破って入ること。

早水の作戦説明の後、内蔵助から、戦いは、弓・槍・刀の三人一組で戦うよう指示があった。

## ◆討ち入り開始

こうして、冒頭の討ち入りへと話が戻る。

内蔵助が打ち鳴らした鉦は、吉良邸の隅々まで響きわたり、その音は、裏門で待機していた大石主税以下二十四士の耳にも届いた。

「第一の作戦が成功したようじゃ。もはや吉良邸に飛び道具は存在せず。我等は堂々とこの裏門を破ろうぞ」

主税は皆に語りかけた。

早速、杉野十平次と三村次郎左衛門が木槌を持って裏門を破り始めた。

一方、庭に陣取った早水率いる弓隊は、鉦の音に驚いて長屋から飛び出した武士達を次々と射抜いていった。

このときの早水の活躍はめざましかった。もともと早水は一日に四千本余りを射る通し矢の練習を通じ、三秒に一本の矢を行射することができた。しかも、六十六間（百二十メートル）を射通すことからすれば、十五、六間の的を外すことはなかった。つまり、一分間で二十名は射通せる能力を持っていたのである。

早水の強弓は、うなりをあげ、鎧もなく庭に飛び出した吉良家の武士達の中には二人が一矢で射抜かれる者まであり、白雪積もる庭先を赤く染めていくばかりであった。

数多く射る通し矢は、実戦には何の役にも立たないと言う者もあったが、大いなる誤りであることを早水は実証してみせたのだ。

堀部弥兵衛の放った矢も、放物線を描きつつ二人の敵を倒した。

「見事でござる、堀部殿」

早水には、声をかける余裕さえあった。

「なんの、これしき」と言ってはみたが、堀部は心の底から沸き上がる喜びでいっぱいだった。口こそ達者であったが、七十六という齢は、槍でも剣でも振り回すだけで息が切れるものである。討ち入りに際しても、片岡源吾衛門に抱きかかえられながら吉良邸に突入したほどで、内心、仲間の足手まといだけにはなりたくないとの思いから、もし負傷したらただちに喉を突いて死ぬ覚悟を決めていた。それが、弓によって二人も敵を倒すことに成功し、この戦いに貢献することができたのだ。

「これで、あの世に行っても殿に顔向けができるわい」

後に堀部は、細川屋敷にお預けとなった後も、周囲に何度もこのときの様子を誇らしげに話したとされる。

早水の矢に射すくめられて、武家屋敷に残った者は出てくることができなくなった。

早水は、戸口に近づき、大声で言い放った。

「長屋の方々、我々の目的はただ一つ、吉良殿の首でござる。無益な殺生は好みませぬ。ただ、ここから出られる者あらば一人残らず射倒し申す」

そして、雨戸の外から、上下に二本の矢をぶち込んだ。すさまじい音をたて、矢は廊下の壁に三寸余りも食い込んだ。これを見て、この矢を越えて出てくる者は誰ひとりとしてなかった。表門突入後のわずか数分間の出来事であった。

その後は大石に近づく者や塀を乗り越えて逃げようとする者をことごとく射倒した。

## ◆内蔵助の思い、トンボの蝶に託される

ようやく裏門を打ち破って突入した大石主税以下別働隊であったが、実質的な指揮者は吉田忠左衛門である。忠左衛門も弓の使い手であったが、吉良邸内の異様な光景に目を見張った。庭や廊下には、喉や腹を射抜かれた死体が何人も横たわっていたのである。しかし、吉田忠左衛門もかつて通し矢に夢をかけていた一人である。すぐに気をとり直し、その後老体ながら三人の敵を射倒している。裏門隊二十四士のうち、弓を主要武器にしたのは、千馬三郎兵衛、茅野和助、間新六とされているが、実際はあと六名ほどは弓を構えていた。

大石主税も、吉田忠左衛門と同じく弓で戦った。その証拠に、浅野内匠頭と赤穂浪士の墓がある泉岳寺の「忠臣蔵資料館」に、主税の使ったとされる「蝶」が展示されている。

もちろん、戦いの中での「蝶」は「一具蝶」で、両手とも五本の指が入る手袋のような形状をしており、すぐ近くに敵がきたら、弓を捨てて刀で戦えるように柔らかい鹿の皮で作られている。

泉岳寺資料館にある「蝶」は、生後三カ月と言われる柔らかい鹿の皮に、大きなトンボの絵が描かれている。トンボは、当時「勝戦虫（かちいくさむし）」、または「勝虫」といって、武士の出陣のおりにはお守り代わりとされていた。その理由として「原色日本昆虫生態図鑑Ⅱ（保有社　石田昇三著）」で次のように解説されている。

「日本の国家創設のころ、神武天皇が大和の国見をされた折、その山並みをごらんになっ

て『アキツのこれとなめせる如し』と仰せられたことから、わが国のことを秋津島（蜻蛉国）と呼ぶようになったといわれている。また、雄略天皇が吉野の阿岐豆野で狩りをなされた時、アブがお腕を刺したのを、トンボが来てそのアブをくわえていったという故事から、トンボを勝虫と言うようになり、武家時代には勝負の縁起をかついで、兜の前立ちをはじめ陣笠、刀掛け、刀の鍔から果ては大砲に至るまで、種々の武具の飾りや模様にトンボの絵が描かれた。」

内蔵助は、最愛の我が子主税の無事を願い、守り神のトンボの姿を描いた最高の一具碟を作ってやったのだった。資料館に残されたこの碟からは、大石の子を思う心情が痛いほど伝わってくる。同資料館には、討ち入り時に使用されたという半弓も展示されている。

裏門突入のときは番人がおり、それを千馬三郎兵衛が射倒したと、「波賀聞書」（松平定直の家臣波賀清太夫が赤穂浪士から話を聞き文書にしたもの）に書かれている。裏門でも、出てくる敵の多くを弓で倒したのである。

## ◆終結

吉良家の屋敷は、総坪数二千五百五十坪、建坪八百四十六坪という広大なものである。この中に何名の家臣がいたのか、諸説あって定かではない。

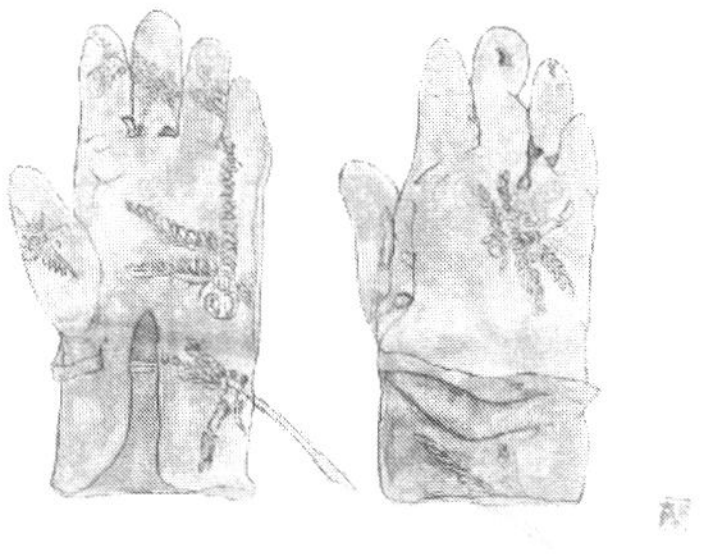

イラスト　夏目明彦

討ち入り後の検死役の書には、「中間小者八十九名」と書かれているが、「桑名藩所伝覚書」では、「吉良佐平（吉良左兵衛義周）様へ御付人の儀、侍分の者四十名、雑兵百八十名参り居り候よし」と記されている。検死時の調べでは、吉良屋敷から逃げ、帰って来ず行方不明になっている者も多く、討ち入り時では百二十名前後はいたと推定できる。

雑兵はともかく、上杉家より送られた武士の中には手強い相手が何人かいた。

一人は、上杉家より送られた吉良家の家老であり、警護の総指揮をとる小林平八郎であった。彼は、必ず討ち入りがあると見て、その対策を練っていた。早水が予言したとおり、弓で迎え討つのが効果的と判断していたのである。

小林は、鉦の音を聞くやいなやただちに部下を連れて弓が置かれてある武器蔵へと走った。しかし、時すでに遅く、弓の弦は絶ち切られ、射るべき矢とてなくなっていた。

小林は、このときはっきりと負けを覚悟した。

戦っても勝ち目のないことを悟った小林は、やむなく清水一学に、吉良上野介を予定どおり炭置き小屋に隠すよう命じ、炭小屋から遠く離れようとしたところを浪士に捕らえられた。

「上野介はどこじゃ」

赤穂浪士の問いに対し、

「手前は下々の者ゆえ、分かり申さぬ。お許し下されと答えた。

武士達は憤った。

「おぬしのような絹の衣類を身につけている者が下役であるはずはない。斬れ」

剣の達人と言われた小林も、刀を抜くこともなく首を打ち落とされた。

清水一学は、三河国幡豆郡宮迫村の農家の出身である。幼少より剣術を習いに吉良家の陣屋の一つである岡山陣屋に通った。二刀流を使い、道場では負けたことがなかったことから、士分取立てのうえ、吉良家家臣として召し抱えられた。

上野介を炭置き小屋に隠した後、台所に戻ったところを堀部安兵衛と出くわした。

安兵衛は、一学の刀の構えを見たとたん、かなりの使い手であると判断した。決して手を出さぬよう仲間に告げ、大太刀を中段に構えた。一学は、得意の二刀流、両手の剣をだらりと下げた。

激しい打ち合いの後、安兵衛は左肩に激しい衝撃を受けた。しかし、着込んでいた鎖帷子(くさりかたびら)のおかげで肉には達しなかった。同時に打ち下ろした安兵衛の刀は、一学の肩口を深々と切り裂いた。

「見事じゃ」

一学はそう言ったきり絶命した。

安兵衛は一学の亡骸に手を合わせたが、同時に、なぜこれほどの使い手が台所出口に一人でいたのかをいぶかしく思った。このことが、近くの炭置き小屋に潜む上野介発見のきっかけとなった。

呼び笛で集合した武士達は、吉良の首を打ち落とした。全員が感涙にむせび、おいおいと泣くばかりであった。

吉良方で最も激しく戦ったのは、山吉新八郎と新貝弥七郎であった。

山吉は上杉家きっての剣豪である。

早水の矢の殺気を感じ、いたずらに外に出ることをせず、早水が射終わって矢番えをする瞬時をとらえ、脱兎のごとく早水に向かった。

それを防いだのが近松勘六であった。山吉は、射手に背を向けないよう注意しながら近松を切り立て、池の淵まで動いて近松の腹を切り裂き、池に叩き込んだのである。山吉の刀は鋭く、鎖帷子をも断ち切った。

そこに大高源吾が駆けつけ、山吉が雪で足を滑らせた隙を逃さず斬り倒した。山吉は、その場に気絶したが、後に幸運にも命はとりとめ、その後は吉良左兵衛の付人として仕えた。

新貝は、玄関先に立ちふさがり、三人一組の浪士と戦った。

一人は槍の名手、杉野十平次であった。十平次の槍も、三合と打ち返せるものはいないと言われたが、新貝は十数合をかわした。しかし、半弓の矢を太股に受け、よろけたところを十平次の槍に腹を貫かれた。とっさに新貝は槍のけら首を切り落としたが、そこで力尽きたのだった。

戦いが終わり、幕府の検死の後、上杉方は新貝等の遺体の引き取りに吉良邸に行った。検められた新貝の腹の中からは槍の穂先が出てきたという。また、太股から矢尻が発見された。いかに凄まじい戦いであったかが分かる。

新貝の墓は、米沢の〝愛の兜〟で有名な直江兼続の墓所と同じ所にある。

申し訳ありません。切手をお貼りください。

郵便はがき

102-0093

東京都千代田区平河町一丁目1−8
麹町市原ビル4F

メイツ出版株式会社
編集部　行

※さしつかえなければご記入ください。

| | |
|---|---|
| お買い上げの本の題名 | |

| | |
|---|---|
| あなたのお名前<br><br>男・女　　歳 | お買い求め先(書店,生協,その他) |
| ご住所<br>〒<br>Tel.<br>Fax.　　e-mail | |

※こちら（http://www.mates-publishing.co.jp/voice）からも承っております。

本書のご感想、あなたの知っているとっておきの情報、お読みになりたいテーマなど，なんでもお聞かせください。
※こちら（http://www.mates-publishing.co.jp/voice）からも承っております。

ありがとうございました。

米沢藩は、その死を悼み、新たに一家を立てて弟に継がせたとされる。

## ◆「忠臣蔵」の真実

早水藤左衛門は、上野介の首級を挙げた後の引きあげの際も、

「上野介殿の御首級（みしるし）頂戴いたした。主人を討たれ無念と思われる者は出会い召され！　快くお相手いたし候」

と武家長屋に対して大声で呼びかけたが、誰一人出てくる者はなかった。

この戦いは、いかに弓を有効に使ったかの勝負であり、早水藤左衛門という弓の名手の能力を最大に引き出した大石内蔵助の力でもあった。討ち入りによる赤穂浪士の被害は、死者はなし、深手を負ったのは近松ただ一人。原惣右衛門も負傷したが、これも雪で滑ってのことであった。

歴史上例を見ない、完全勝利であった。

赤穂浪士討ち入りの報を受けた将軍綱吉がまず聞いたことは、「なぜ赤穂浪士方に一名の死者もなかったのか」ということであった。

老中柳沢吉保は、「赤穂方は完全武装していたのに対し吉良方はしていなかったからです」とだけ答え、弓の話までは語られなかった。しかし、実際には、吉良方の死者の八割以上が矢傷によるものだったと言われる。

早水と神崎以外は、弓はもはや無用なものと考え、帰りに近くの溝に捨て去っていた。時代が経つにつれ、世間では弓矢は飛び道具であるとして、それを使ったことを表沙汰にしたくない気持ちが広がり、この事件は次第に美化されて刀と刀の戦いとなり、弓は表舞台から消えていった。

赤穂浪士四十七人のうちただ一人、討ち入り後、大石から「事の真実を伝えてほしい」と命じられ、仲間から離れた寺坂吉右衛門も、また赤穂藩の弓手の足軽であった。寺坂は、その役割どおりの弓術の名手であり、討ち入りの折は吉良方の何人かを射倒した。

しかし、堀部安兵衛が、自分は完全武装しているのに相手は寝間着姿だったことに心至っていたことと同様に、弓を使えなくなってしまった相手を射倒したことに後ろめたさを感じていた。寺坂は、他のことはありのままを伝えたが、勝利の行方に弓矢が大きな要因となったことは誰にも語りはしなかった。

討ち入り後、早水は細川家に御預かりとなり、翌年二月四日に切腹した。

細川屋敷への御預かりは、大石内蔵助と一緒である、いよいよ切腹というそのとき、先に切腹となっている内蔵助の前に手をついた。

「御家老、おっつけ我々も参りまする。殿とご一緒にしばしお待ち下され」

内蔵助は笑顔で答えた。

細川家は浪士達に最高の礼を尽くし、各人に一名ずつの介錯人をつけた。

いよいよ早水の番が来た。介錯人に、「お役目ご苦労に存じまする」と声をかけ、静かに笑みを含んで目礼した。

介錯にあたったのは、細川家家臣魚住惣右衛門正弘である。魚住は、切腹に臨んでのこれほど見事な態度は見たことがなかったと、後に語っている。

辞世の一首は、

「地水火風　空の中より出し身の　たどらで帰る　もとのすみかに」であった。

神崎与五郎の辞世「梓弓　春ちかければ籠手の上の　雪をも花のふぶきとや見ん」等と比べると、何やら抹香臭いと悪評であったが、見る人から見れば、早水の一首は、インド哲学も学んだことを思わせる、すばらしい一首とも評されている。

享年四十歳、早水藤左衛門の墓は、泉岳寺の大石内蔵助の墓のすぐ脇にある。

ここで、佛教の五輪思想と古代インド思想における五大思想について簡単に触れておきたい。

古代インド哲学は、紀元前千五百年も前から胎動しており、この宇宙を構成しているのは五つの元素によるという考え方が基となっている。仏教の五輪思想は、この五大思想を受け継いでいると考えられる。

つまり、自然を構成しているのは、地・水・火・風・空の五つの元素であると定義し、それがまた思想となって発展していった。（松井　巖「道の弓」）

このような思想を学んでいた早水であった故に、〝自分は地・水・火・風・空から生まれ、それら全てをたどることなく元の処に戻るのみ〟という哲学的・仏教的思考に立脚した一首を残したのである。
浪士達の墓には、今でも一年中線香の煙が絶えることがない。

森　大造　作（赤穂神社蔵）

コラム

# 小笠原流の射手が三十三間堂に参加していない謎

浅岡平兵衛以来、京都三十三間堂で天下一の栄冠を得たものは、延べで四十一名。
これを流派別に見ると、
竹林派（尾州・紀州）が最大で延べ十四、大蔵派が延べ十、道雪派が延べ九、山科・雪荷派が共に延べ三、印西派が延べ二、となっている。これらは、いずれも日置流系統の新流で、最も伝統ある小笠原流、その他の古流系は一人たりとも参加していない。
この謎について巷では、次のような噂があった。
①小笠原流は、剣の柳生と同じく徳川家の弓術指南役。出場を禁止していた。
②小笠原流は流鏑馬のように騎射だから、それ以外はやっていなかった。
などの噂があった。

このように小笠原流＝騎射と思っている者も多くいたが、実際は小笠原流では騎射だけにこだわるのではなく、歩射にも十分なる重きを置いていた。ただし、小笠原流が三十三間堂通し矢への参加を禁止していることは事実であった。

この点に関し、小笠原流は、他の流派とは異なり厳しい統率力があった。

たとえば新流の諸流派は、師から印可を受けると、自ら新しい一派を作るものがいた。その秘技奥技によって一般に九流十派ともいわれる諸流派が発生し、それらは歩射弓術を伝承した。

それに比し、小笠原流は古流と呼ばれるごとく、歴史は古く、天皇家、将軍家等の弓術指南役として名門中の名門であり、それを慕って多くの門人が集まり、全国的に小笠原流は広まり、盛勢を極めていたが、最高位である「重籐の弓」の印可を受けても、その者が新しい一派を立ち上げることは決して許さなかった。

それゆえ、小笠原流は「一子相伝」であり、その統率力は見事としか言いようがなかった。日本の弓術において最も格式ある流派（新流が出現するまで、特に流派は呼称していなかった）は、小笠原流とされる。

その起源は、平安期の武将として勇名を馳せた源義家の弟、新羅三郎義光に遡る。義光の三男、義清が平安末に甲斐国市川庄に配流され定着してから甲斐守となり、甲斐源氏の始祖となった。義清の子清光が甲斐逸見庄に住んで逸見氏を称し、その長子光長が跡を継ぎ、次男信義は武田氏、三男遠光は加賀美氏を興した。遠光の二男長清が小笠原庄に定住して小笠原氏の祖となった。

このように鎌倉初期甲斐源氏の一族としてその基盤を固めた三氏から次第に弓馬の技芸に秀でた人物が多く出現したが、特に武田・小笠原氏は、歩射だけでなく騎射で名を上げるにいたる。

こうして両氏は関東武士のなかで力をつけ、弓射行事を通じ次第に名を高めていった。

そして小笠原長清は源頼朝の師範、その子長経は実朝の師範として活躍し、両名に始まる小笠原の統率力が、室町期にかけてますますその流派を盛んにしていった。

南北朝が合一し、政権は足利幕府が握り、武家行事は歩射・騎射行事とも盛大になった。

戦国時代となり鉄砲の時代になるや、こうした弓矢の行事もすたれていった。

しかし徳川の時代を迎えると、小笠原流は徳川家の弓術指南役として弓射行事を行い、剣の柳生と共に栄えるに至った。

では、この流派に三十三間堂に上がれるほどの人材がいなかったのかといえば、そうではなかった。

騎射と共に歩射も盛んであったので、多くの若者の中には通し矢に挑戦しても決して引けをとらない武士が多く存在していたのである。

しかし、小笠原宗家は弟子達に二つの事を命じていた。

「三十三間堂通し矢に出場する者は破門いたすこと」

つまり、三十三間堂通し矢に挑戦することは、小笠原流から破門されることであった。

出場する場合、決して小笠原流という名を口にすることは出来ず、他流派の一員になるか、流派なしとするしかなかった。

三十三間堂通し矢出場のために小笠原流を捨てるか、小笠原流の最高位を狙うかのはざまに苦悩する若者は実は数多くいた。

事実、弓の大会を開いても、武者系に負けない猛者たちは心の中で三十三間堂にて勝負をしたかったのである。

沢木善之丞も、その一人であった。

沢木は、赤穂に生まれ、父が弓矢奉行をやっていた関係もあって、六歳より弓を始め、父譲りの才能を発揮し、十一歳の時には半堂ながら日矢数五千射を射るほどになっていた。父は子の将来をことを考え、赤穂に多かった道雪派でなく小笠原流一門の弟子にしてもらったが、流鏑馬も歩射でもめきめき頭角を表し、二十歳の時は流鏑馬において常に的の中心を射抜き、的板を外すことはなかった。

もはや、赤穂においては彼に勝る射手は、どの流派にもいなかった。

小笠原流の仲間の内では最も上達が早く、あとわずかで「重籐の位」に届くというところまで来ており、将来小笠原流の指導者になるのも時間の問題だけであった。

当時、赤穂藩主は浅野内匠頭長矩で、赤穂藩はわずか五万石の小藩ながら赤穂塩の収入により、他の小藩より経済的に豊かであり、そのため、京の通し矢に出場させる資金は蓄えてあった。

そして、ひそかに天下惣一を狙い、各所に折掛射場を作り、多くの武士が三十三間堂を目指していた。

その中には、吉田忠左衛門や堀部弥兵衛等、後の赤穂浪士の面々も三十三間堂に向け猛練習をしていたのである。

この時の弓の練習が、後の吉良邸討ち入りの際大いに役立つとは誰一人知る由もなかった。

沢木家は、百二十石を与えられていたので、下級武士とはいえず経済的にはまったく困っていなかった。

沢木は、小笠原流で学んできた弓術が、他流派と比し決してひけをとらないと思っていたし、通し矢天下惣一により、それを証明したい夢に溢れていた。

沢木は、三十三間堂通し矢の夢をかなえるために、長年指導してもらってきた師や共に仲良く付き合ってきた友達と別れることができるか迷いに迷っていたのである。

小笠原流から破門されれば二度と戻れることはなかったし、場合によっては裏切り者とののしられるのが目に見えていた。また、三百石に目がくらんだのか、とも言われかねなかった。

しかし、この迷いが吹っ切れる時がきた。

あろうことかそれは、藩主浅野内匠頭から三十三間堂に挑戦せよという藩命が下ったのである。

内匠頭は、本家・浅野家が紀州時代を含め二十回も京都三十三間堂に出場しており、その内三回にわたって天下惣一を成し遂げているのを見て、小藩といえども一度は天下惣一を成し遂げたいという野望のため各所に射場を作り努力を重ねたが、さしたる射手が育たなかったことに怒りすら感じていた。赤穂には、道雪・大蔵・印西等各流派が散在し、尾州竹林や紀州竹林のような指導体系が機能していなかったのである。

今、天下惣一の可能性があるのは、小笠原流の沢木善之丞を除いては誰一人いなかった。

この現状をみて、内匠頭は今しかないと決断したのだった。

沢木善之丞は、藩命を断ることはできなかった。

しかし小笠原流の掟は掟、脱退届けを提出、小笠原流を離れ、自ら一日五千射の小口がけ（近射）を行い、折掛射場にて通し矢の猛練習を続けた。時折内匠頭は、自らそんな沢木の応援に駆けつけ、滋養のある食物の差し入れをしてくれた。

かくして「寛文七年四月二十三日」を、三十三間堂での通し矢奉納日と決定した。

経済的に豊かな大藩は、こうした場合、三月末から四月にかけて一回それを体験した上で、二回目を四月末から五月の初めにかけて勝負とする傾向があった。しかし赤穂のような小藩には、そこまでの余裕はなかった。一回で数千両を要するので、二回は不可能であった。

沢木は、実力は充分あったとはいえ、あの天下一になった星野ですら四回の失敗があって後の成功であるのに、最初に結果を出すには明らかに体験不足であった。

三十三間堂の端に座した時、小笠原流の皆にも顔が立たぬし、何より常に声を掛けていただいた藩主浅野内匠頭様に申し訳が立たないなどと、失敗した時のことばかりが頭に浮かび、それが体を固くした。

射始めの矢は数十本も床に落ち、狙いを上げると天井に突き刺さった。あせればあせるほど通らなかった。

運の悪いことに逆風（向い風）で、しかも時々雨交じりの風が吹きつけた。

あっという間に一昼夜が終わり、総矢数がいつもの半分の五〇三七射、通し矢は三分の一程度の一七一六本に終わった。

天下一になった長屋六左衛門も最初の時は、四一七三射中通し矢二千八本。同じく天下一になった吉見台右衛門にしても、最初は総矢三千射中通し矢千七百本であったので、沢木善之丞がもし二度三度と回を重ねれば、日本一になる力は充分にあったのだ。

しかし小藩の悲しさ、再度の資金はとても準備できなかった。

それに沢木は、普段の自分の力がだせなかったあまりの不甲斐なさ・みじめさと、期待してくれた藩主への申し訳なさに絶望し、三十三間堂で射終わった後、静かに神仏に礼をしたが、その眼に涙が溢れるのを止めることができなかった。

そして沢木は下に降り、玉砂利の上に座し、「殿、お許しくだされ」と言うがいなや最後に射れず持っていた矢で自らの喉を突き破り、藩主へのお詫びの証としたのだった。

内匠頭は、赤穂にて沢木善之丞の報を聞き、深く涙し「余のせいで未来ある若者を死に追いやってしまった」と、沢木家に二百石の加増をしたとされる。

もし沢木が生きていたら、間違いなく四十八士となっていたはずである。

三十三間堂通し矢に出場する射手は、その所属する流派が明確に分かっているのであるが、よく調べてみると、三十三間堂に上った者で「流派不明」又は浪人なる射手が各藩に見られる。

この多くが、実は小笠原流の射手であったとの説がある。

小笠原流の流鏑馬の図
絵　山崎雄介

## 東大寺の通し矢と「安藤早太郎」

江戸時代の天才画家として名高い円山応挙が描いた絵には「眼鏡絵三十三間堂通し矢の図」というタイトルがつけられていたが、これは正しくないタイトルである。正しくは、「東大寺通し矢の図」。

なぜなら、三十三間堂通し矢は、西回廊の南から北に向かって行射しているため，射手は背中側からしか見えない。それに比し、東大寺通し矢は北から南に向かって行射したので射手を正面から見ることができる。また、江戸にも三十三間堂通し矢があったが、これも南から北に向かって行射しているので、この絵は京都三十三間堂ではないのである。

このように、世間では、東大寺でも通し矢が行われたことは、あまり知る人がいないことが分かる。

いずれにしても応挙は、通し矢に美を感じ絵に描いたに違いないが、彼は京都三十三間堂の通し矢の絵も描いている。その絵は、現在、神戸市立博物館に所蔵されている。

### ◆東大寺通し矢絵巻

「東大寺通し矢絵巻」が、松波（まつなみ）弓具店に秘蔵されていると聞き、それを拝見させていただいた。松波さんには、快くこの絵を見せていただき、帰りには通し矢の資料とて貴重な、岡井満氏の編集された「三十三間堂通し矢　矢数帳」まで頂いた。

ところで、和佐大八郎が通し矢で天下にその名を轟かせたのは、貞享三年（一六八六）。その後、どうやってもこの記録に近づくものすらなく、尾州や紀州のような大藩ですら、通し矢日本一奪回の意欲すらなくしていた。

その中にあって、唯一、小藩ながら天下一への意欲を失わなかったのが、三河の挙母（ころも）藩である。わずかに二万石の小藩とはいえ、三河武士の意地にかけて挑もうというので、藩主の内藤丹波守政優は、三十三間堂に日本一を謳う夢をあきらめていなかった。

そこに出現したのが、天才射手安藤早太郎である。挙母藩の御典医の長男として生まれた早太郎は、子供ながらに弓に対して異常なほどの才能を発揮していた。和佐の大記録から百五十年も経っていた。

安藤早太郎が行った大矢数の状況を描いた「東大寺通し矢絵巻」は、七十一センチ×百八十センチの横長のものだ。安藤早太郎が天保十三年（一八四二）四月二十〜二十一日にかけ大矢数を行い、総矢数一万千五百本中八千六百八十五本を射通した様子を一軸にまとめたもので、この軸に藤原其淵（重揚）が描き、儒者泰世寿が讃文を書いている。

それによると、京都三十三間堂の長さ約百二十メートルに比し、東大寺は約百六メートルしかないが、垂木の高さが京都の四・九四メートルに比して東大寺は四・十メートルしかなく、これを射通すのは京都よりはるかに条件が厳しいとした上で、最後に「盛なるかなこの日中、栄観比なし、得難きの功不朽に美を伝ふ」と結んでいる。

この絵から、通し矢のいろんなことが分かってくる。

右下の絵には、通し矢が、矢数の多少を競う目的以前に、「射業の邪正をたづ」、「神明の照覧に充奉る」という、神事として実施されていたことが分かる。絵にあるように、二本の竹竿を立て、その上にしめ縄を張り、神に降臨頂いて行射したのである。

## ◆事実上日本一だった!?

通し矢は的中を競うものではないが、目印と矢どめの目的のため、布で作られた的のようなものが作られていた。ここに届いた矢は、破損がないので再び使用できた。その手前に消火用の水を入れた桶が置かれ、その横に堂見の人達が並んだ。

その後ろに介添人、矢師、弓師等が控え

（松波佐平弓具店　蔵）

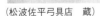

ている。

安藤の弓の師は紀州応心斉高木正朝である。

屋根に何人かの人々が立ち並んでいるのは、火消しの役と、映像設備のない時代であったので、現在何本矢を通したかを、赤・白などの旗を立てて見物人にその数を知らせる役目があった。三十三間堂でも同じようなことが行われていた。

なお、安藤以後、東大寺通し矢は一度も行われていない。

三十三間堂の大矢数の天下一は和佐大八郎であるが、その記録は、総矢数一万三千五十三本、通し矢八千百三十三本、成功率は六割二分三厘である。それに比し東大寺の安藤は、前述したように総矢数一万千五百本、通し矢八千六百八十五本、成功率七割五分五厘、しかも射終わった時にまだ時間を残していたとされる。

後の弓道史の研究家によれば、もし安藤が京都で行射していたら八千三百本以上は確実に通したと言われ、事実上の日本一は安藤なりと噂された。

しかし、あくまで大矢数の日本一は、京都三十三間堂で行射しなければならないきまりであったので、天下一の額をかけ直すことはできなかった。

なぜ京都でチャレンジしなかったのだろうか。これは一つの謎である。

これは私見だが、京都三十三間堂での大矢数は、失敗して切腹する者が後を絶たず、安藤の時代、中止になっていたためにできなかったのではなかろうか。

しかし、東大寺の通し矢は、多くの人に感動を与え、名もなき小藩の三河挙母藩の名を天

（松波佐平弓具店　蔵）

下に示したのだった。

安藤は、この活躍により、藩主丹波守より家老並の武士にとり立てられた。

## ◆その後の安藤早太郎

次の年、天保十四年（一八四四）九月二十五日に、安藤は京都三十三間堂にて、白羽二箭（二射）のみ奉納している。矢数帳のどこを探しても、二射のみという者は皆無であった。家老並みの武士となったが、安藤はなぜか嘉永三年（一八五〇）七月に脱藩、京都一心寺に入った。その後、新撰組の清川に入隊をすすめられたという風評があるが、それを証拠づける文献はどこにもない。だが、「新撰組全隊士録」によれば、新撰組の第一期として入隊、副長としてその名を連ねている。

そして、池田屋事件に、近藤勇隊に所属して参加した。奥沢や新田とともに一階で志士達と戦ったが、志士達の反撃にあって深手を負い、しばらくしてその傷が悪化、帰らぬ人となった。享年四十三歳。

なぜか安藤は、新撰組にあって弓を使用することは一度もなかったとされる。類まれなる才能に恵まれ、それを磨く努力と忍耐をそなえた安藤であったが、一つなかったのは「運」であったのではなかろうか。

同じ弓の名人ながら、天下一の額を三十三間堂に掲げ、三百五十名もの弟子に神のごとく慕われ、すばらしい家族に恵まれて一生を終えた星野勘左衛門に比し、血をひく子孫を残すこともなく、若くして切り死にした安藤はあまりにも悲しい生涯であった。

コラム

# 薩摩藩が三十三間堂に射手を送らなかった理由

京都三十三間堂に残る矢数帳、そしてこの記録を詳細に分析した石岡久夫著「近世日本弓道の発展」を仔細に眺めていて、あることに気が付いた。九州勢の挑戦が少ないのである。九州には十三藩十四大名が存在した。

しかし、京都三十三間堂通し矢に挑んだのは、四藩延べ二十六人にとどまっている。九州よりも小さく十一藩の四国ですら、九藩延べ四十四名が参加しているのにである。更に詳細にみると、肥後（熊本）の国が延べ二十一名と多くの挑戦者を出しているが、大多数は肥後を清正の三男忠広が跡を継いだ加藤家が支配していた時期であり、寛永九年（一六三二）の加藤家改易後、肥後五十四万石の藩主細川家となってからは初期に数名が参加したに過ぎない。何よりも、雄藩の名を欲しいままにした島津家薩摩の名が、ただ一人として見当たらないのである。確かに九州は、紀州や尾州に比べ、京都からは遠隔の地である。

しかし、薩摩・肥後といえば日向（宮崎県）と並ぶ弓の大産地である。弓竹も矢竹も良質なものを産する。

薩摩弓と云えば、質実剛健、実践性に優れた弓として、京弓と対比され、今でも名弓師を輩出し、その作品は弓道人に大切に扱われている。

肥後と云えば、いまだに「熊本道雪」の名で日置流の伝統を伝え続けている。

そのような、肥後や薩摩が三十三間堂の隆盛を見逃していたとは考えられない。

特に、武門の鍛錬に極めて熱心だった薩摩が、このことに関心がなかったとは考えられない。弓具制作面での恵まれた環境、剛健たる薩摩隼人気質、藩の財政状況、いずれの面からも工夫次第で京都に天下惣一の額を掲げることは可能だったはずである。

では何故、薩摩は京都三十三間堂通し矢にただの一人も名を加えなかったのか。

こんな事実に基づき、以下の秘話が編み出された。

松平は服部半蔵率いる伊賀同心の中で最も優れた忍者服部権三を城中に呼んだ。

権三は、脚は誰よりも速く、毒吹き矢と含み針の特技を持つ、半蔵の一番弟子であった。日頃の鍛錬により、筋骨たくましく、顔は浅黒く、見るからに精悍さを漂わせる男だった。

「権三、そちはこれから外様の雄藩薩摩に隠密として入ってくれ。役目は、薩摩の動きを探ると共に、これから盛んになるであろう三十三間堂通し矢に薩摩が参加するように仕向けることじゃ。それにより、薩摩の財力を少しでも弱め、弱体化させることが目的である。方法は、全て己が才覚に任せる。薩摩とて隠密には用心しておろうから、くれぐれも心して行くように。」

「かしこまってござります る。つきましては、つなぎの役も兼ねて三人ほど連れてまいりますことをお許し下され。」

「相分かった。半蔵には既に話してある故、心配いたすな。」

「ははぁ。」

権三たちは、半年あまり薩摩の女性と同棲し、薩摩言葉を会得したのち薩摩に向かった。

注：この隠密、八代将軍吉宗の時からは「御庭番」と呼ばれ各地に放たれた。幕府は、特に外様大藩に警戒を怠らず、隠密を放ち、探りを入れていた。隠密は、連歌師・俳人・旅芸人・飛脚等に化け、巧みに潜入した。かの有名な松尾芭蕉もそのひとりだった、との風説もある。

## ◆薩摩の歴史

藩主島津氏は、鎌倉時代初期に薩摩・大隈・日向三カ国の守護に任じられて以来、この地方を本所地としてきた守護大名・戦国大名であり、やがて一五八七年豊臣秀吉の九州征伐により豊臣に服従、それまで通りの所領支配を認められた。

しかし一六〇〇年、関ケ原の戦いで西軍に味方し敗れはしたものの、西軍の将石田三成の出陣命令を無視し、敗戦が決まっても降伏せず、敵中突破し自陣に戻るという島津義弘の勇猛さを認められ、徳川四天王のひとり井伊直政の取りなしによって本領を安堵された、という歴史を持つ。

ただ、このような武力・胆力を持つ外様薩摩を、幕府は最も警戒していた。

京の薩摩藩邸より定期的に薩摩に手紙を送る飛脚に目をつけた権三は、秘かにこの飛脚の後をつけ、先回りし小さな撒きビシを道に散らし伏せた。

思わずこれを踏んだ飛脚は、異常な足の痺れを感じ動けなくなった。毒のためであった。

「どうかなさいましたか」権三は、人の良さそうな風体を装って近づいた。

「何故か急に足が動かなくなった。痛みが次第にひどくなって、動けない。こんなことは初めてじゃ。」

「私に出来る事あらば、何なりと申しつけてくだされ。」

「ご親切、かたじけない。」

「とりあえず薬師（くすし・医者のこと）のところに連れて行ってくれまいか。」

「分り申した。」

権三は、軽々と彼を背負い、薬師を訪ね連れていった。

薬師をもってしても、原因は分からなかった。歩ける目途も立たなかった。

逞しい権三の身体を見て飛脚は、「私の代わりに、この手紙を薩摩の城に届けては下さるまいか。」

こうして、権三は楽々と薩摩に飛脚として潜入することに成功した。

権三が選んだ三人の内二人は、加州（加賀）の矢師と身分を騙り（かたり）竹の買い付けを装い藩領に入り、残る一人は旅芸人の一座に紛れ込んだ。

権三は、飛脚として健脚を活かし、薩摩各地を走り回り、矢竹買いに扮した二人は藩の弓事情を探り、旅芸人に紛れたもう一人は場所を変えながら各地の町の様子を探った。

九州地方は温暖で、良質の竹が各地に生い茂り、細長く育つ矢竹にも恵まれ、名のある弓師・矢師が各地に散在していた。そのような環境のなかで、弓を修行する若者の数とその水準の高さは、他藩を圧倒していた。

鉄砲の製造を禁じられていたこともあり、いざという時に備えた剣術と弓術の修行はすさまじいものがあった。

剣は、他藩のように胴や小手を狙うのではなく、真っ向唐竹割り、つまり一刀で相手を切り倒す豪快な剣法だった。「チェスト!」という裂ぱくな気合いとともに、丸太を何百回も木刀で殴りつける修行が藩内各地で見られた。この剣術を示現流と呼ぶ。

弓の修行も十五間の矢場だけでなく、三十三間堂通し矢にも備えた折掛射場も各地に造られ、連日激しい練習が繰り広げられていた。これには、かつての鎮西八郎為朝の影響が大なるものがあった。折掛射場の成果では、吉田大内蔵(加州)の三十三間堂の記録を軽々と超える射手を何人も生み出していた。

折掛射場で練習する若者の中でも特に強弓を誇り、常に通し矢の数でも負けたことのない三村雅之丞は、いつでも三十三間堂通し矢に出場し、そして勝利する自信に満ちていた。

権三は、薩摩人気質を研究していた。

薩摩に限らず九州地方には、どこか共通したところがある。

第一に、頑固者が多い。熊本あたりでも肥後もっこすと云われているように、一度言い出したら決してブレない。第二に、反骨精神に富んでいる。心のなかには常に〝いつか徳川幕府を倒してやろう〟という精神を宿している。第三に、一定の型にとらわれる事を嫌う体質がある。常に固着したものを打破しようという気概が感じられた。九州の中でも、薩摩は特にこの傾向が強い。

これらの気質は、歴史的に見ても島津義弘や西郷隆盛の行動で証明されている。

島津義弘は関ケ原の戦いで、石田三成率いる西軍に味方した。関ケ原に徳川の軍が到着した時、義弘は軍議の席で奇襲を提案した。

「徳川軍は今、長旅で疲れている筈。今宵奇襲をかければ、勝利間違いござらぬ。奇襲は、我等薩摩軍が先陣いたす所存、ご許可を。」

義弘は、強力な弓隊を持っていた。弓隊には、遠方に藁人形を置き夜間にこれを射倒す訓練及び火矢の訓練を施しており、夜襲の準備は万全であった。

この時石田三成が「よくぞ言うて下された。我等も五千の兵を出しましょう」と応えていれば、間違いなく歴史は異なるものとなった筈である。

しかし石田は、型を守る人間であった。

「我々西軍は、東軍の勢力を上回っておりますれば、堂々と正攻法で戦うべきと存ずる。」と主張し、義弘の提言を受けいれようとはしなかった。

島津の気質を、石田は理解していなかったのだ。石田三成は、戦国武将としては真っ当すぎた。このため義弘は石田を見限り、矢のような出陣の催促が来ても、梃子でも動こうとはしなかった。

戦いは義弘の想定した通り、敗北が決定的になっていったが、義弘は徳川軍に降ることなく、薩摩軍だけで敵中を中央突破し、九州まで立ち戻った。

権三は、このような気質の薩摩に、松平信綱が思い描くような「策」をはめ込むことの難しさを各所の探りを通じ、強く感じるようになっていた。

しかし手をこまねいている訳にはいかなかった。

権三は、京都三十三間堂の天下惣一を度々成し遂げているのは加州（加賀）であり、竹も弓人も全国一と自負できる我が藩でこれを打ち負かし名を上げてほしい、という京都藩邸からの便りを偽造した。

また、あちらこちらの居酒屋で、「京都で弓の通し矢日本一を決定する大会があるそうな。多くの藩が参加しているのに薩摩は一度たりとも出場していない。もったいない話だ。」「薩摩の弓は、出場できないほど程度が低いのか。」とか、「日本一になり、天下に薩摩の名を挙げてもらいたいのう。」「このまま三十三間堂に挑戦しないと、薩摩は腰抜けと云われてしまう。」などの流言を流した。

加賀の矢竹買い付け人に扮し潜入した二人は、加賀の通し矢修行のすさまじさを語り、吉田大内蔵の天下惣一は薩摩を除いて破る藩はないだろう、と力説した。

また、細く質も良い矢竹は薩摩産において他ない、とも言いふらした。

これらの噂は次第に広まり、通し矢の名手三村雅之丞の耳に入った。そして周囲にいる多くの者たちから、天下惣一を成し遂げてくれるよう、毎日のように励まされる日々が続いた。

流言の効果は、確実に上がっていた。

ついに三村は弓奉行に、京都三十三間堂に上りたい旨上申したのである。

「吉村様、吉田大内蔵の記録を破り、天下惣一の額を京都三十三間堂に掲げてまいりたいと存じます。必ず勝利してご覧にいれまする。」

「相分かった。わしも薩摩の天下一を心より願っておるのじゃ。練習、怠るでないぞ。」

三村の修行は、さらに凄みをました。

## ◆通し矢会議

弓奉行からの上奏もあって島津家久は、家老の伊勢貞昌、樺山久高等を筆頭に藩内各地に置かれた全ての出城の附家老、ならびに諸奉行等主だった者を集め、京都三十三堂通し矢に挑ませるべきか否かの話し合いをさせた。

注：藩主のいる城ではなく、出城の家老を付家老という。

事は、藩の名誉と財政、更には藩の将来にも係わる重大な要素を含んでいた。

弓奉行の吉村望左衛門が、まず口火を切った。

「京で三十三間堂通し矢なるものが行われ、天下一となりたる時には掲額が許され、その名声は天下に知れ渡ります。加州（加賀）の吉田大内蔵なる者、既に五度の天下惣一を成し遂げ、加州は弓天下一の名声を欲しいままにしております。今、我が藩もこれに挑戦し、天下惣一を加州より奪い取り、薩摩の弓の力を天下に示したいと存じます。」

「世間では、竹も豊かで鎮西八郎為朝ゆかりの薩摩であるにも拘わらず、人材がいないのではないか、という噂が広まり、多くの者も薩摩の名声を待ち望んでおります。」

「是非、通し矢への参加をお許し願いたく存じまする。」

勘定奉行の大澤嘉衛門がすぐさま反応した。

「吉村殿のご意見がもっともなれど、我が藩の財政豊かならず。幕府のお達しの如き人数にて上京する費用は膨大なものとなろう。ここは、軽々しく賛成する訳には参らぬ。」

「ときに、出場し必ず勝利する目算はあるや否や。失敗すれば、もの笑いとなるは必定ぞ。」

「はい、今我が藩では犬追物の他に、折掛射場も造り通し矢の練習を励まさせております。なかでも三村雅之丞なる者、その肘力すさまじく、吉田大内蔵の記録を軽々と超えておりますれば、よもや負けることはないと存じまする。」

他の者も、財政を預かる大澤以外は全員、天下に薩摩の名を高らしめる案に賛成した。

権三の仕掛けは、実を結ぶかに思えた。

これらの意見を全て聞いたうえで、秀吉の朝鮮出兵の折父義弘と共にわずか七千の兵力で明軍二十万を敗走させ、鬼神と恐れられた藩主島津家久が口を開いた。

家久は、弓術において吉田一水軒印西の高弟であり、この縁で薩摩の弓術は日置流印西派の流れを汲む。

引き締まった身体に武将の長たる威厳に満ちた家久の眼光は、他を圧していた。

「そち達の考え、相分かった。」

「義弘公以来の薩摩隼人の勇猛さを、弓術においても天下に示したい気持ちは痛いほどわかる。」

「だが、わしには、京都三十三間堂日本一を定める行事、表向きは弓術奨励なれど、その裏に各藩の注意をそちらに向け、財力を弱体化させようとする幕府の腹が見透けるのじゃ。」

「今は、日本一などという虚名に惑わされることなく、我等薩摩の将来の大望のため、少しでも体力を蓄えることが肝要なるぞ。」

「腰抜けと云われようと、人材なしと謗られ（そしられ）ようと、じっと堪えるのじゃ。」

「今、三村を出場させれば、おそらく天下一は取れよう。しかし、必ずそれを上回る者が現れ、さらに負けじと新たな者を育成することとなる。そのような争いに巻き込まれれば、藩の費用はいくらあっても足りぬ。いずれ通し矢なるものもこれらの争いの末消滅することとなろう。」

「外様の大藩である薩摩の力を、幕府は最も恐れているに違いない。わしが、もし幕府の老中ならば、我が藩に隠密を放ち、通し矢天下一を目指すべしとの流言を流す算段を施すであろう。」

「よいか、手分けをして幕府の隠密を探し出すのじゃ。まず、最近薩摩に入った者、飛脚から旅芸人まで流言を流したる者を、ことごとく探るがよい。通し矢の事もさることながら、琉球における明との密貿易の事、密貿易の拠点である坊泊郷（現在の南さつま市坊津町）の事、決して知られてはならぬ。」

「藩の命運が、これにかかっている。必ず隠密を探し出し、人知れず始末しなければならぬ。

直ちに全力をあげて探りを入れよ。特に、わずかな言葉遣いに注意せよ。」

藩主の言葉は、神の言葉だった。

暗愚な指導者なら、全体の意見を重んじ行動したに違いない。平和な時ならそれでもよいが、危機の時、それでは滅亡する。

薩摩は敗戦のつけに加え、シラス台地ゆえに保水の効かない大地は米の不作続きで、藩の財政は危機に瀕していた。

優れた指導者は、このような状況を打破するにはどのような道があるかを模索し、実行する。

家久は、独立国として存在していた琉球を手に入れ、琉球を通じた明との密貿易で富を得るしか道はないと判断し、あらゆる根回しを試みた上で家康に琉球出兵を願い出た。

根回し無しに実行することを無謀と云う。

家久は、見事「賭」に勝ち、慶長十四年三月、兵三千人余を出兵させ、激しく抵抗する琉球をその武力で制圧した。

こうして薩摩を豊かにするため、琉球貿易に介入し大いなる利益をあげるとともに、奄美産の砂糖により利益を増大させた。

薩摩の基盤は強固なものとなっていった。家久の決断の成せる技だった。

このような家久の言に異論を唱える者は、一人たりともいなかった。

それればかりか、家久の先見性の見事さに家臣からの信頼はますます確固たるものとなった。

## ◆間諜（スパイ）の摘発

家久の命もあって、隠密への対策が秘かに、しかも徹底的になされた。

国境への自由な出入りは勿論、間道にも人を伏させ、海からの潜入や逃亡がなされないよう、漁船に対しても厳重なる検査が行われ、不審な舟は直ちに捕えられた。

最近薩摩に入った者に対する調べは、特に厳しかった。

通し矢の事を声高に語っていた者を探すべく居酒屋にも聞き込みを続けた結果、最も怪しき者として権三が浮かび上がった。

加賀の矢竹買いの商人も、いつもの人間と異なっている点が突き止められた。

しかし、この三人に対しては直ちに捕まえる事をせず、必ずやつなぎの会合がある筈との確信で、目を離すことなく仲間が集まる機会をじっと待った。

権三は、村はずれの朽ちかけた一軒家に住んでいた。

さすがの権三も、家久の読みの鋭さには気付かずにいた。

家久は、権三らの目を欺くため、「近い内京の通し矢に三村を出場させる」との噂を流させておいた。

この噂に権三は心を緩め、報告を江戸に知らせるべく仲間を呼び集めた。権三は、これら

の情報を取りまとめ、松平に報告すべく翌朝江戸に向け出立する予定を立てていた。

この機を、捕吏たちはじっと待っていた。直ちに、示現流の剣の達人十名が集められた。念のため、弓の名人四人も召集された。その中のひとりに、三村雅之丞もいた。

闇に紛れて逃げられないよう、明け方を待ち、剣豪たちは権三のあばら家に突入した。一方、権三とて服部半蔵の一番弟子、むざむざと殺されるほど甘くはなかった。

ただならぬ殺気を感じ取り、他の者を起こし、長ドスを引き寄せた。

チェスト！の声高らかに真っ向から剣が振り下ろされた。

権三は苦もなくこれを避けるや、更に襲いかかる敵に含み針を放った。

針は、正確に瞳を捉え、あっと云う間に数人が失明した。

これを見て、薩摩側は容易に近づけなくなった。

吹き矢も飛んだ。トリカブトの毒が塗られた吹き矢は、たちまち侍の身体を動けなくした。

他の三人も、撒きビシや棒手裏剣を投げ敵を倒したが、さすがに名うての剣の達人揃い。四人程は倒したものの、同時に襲いかかる剣は防ぎきれず、ひとりひとりと一刀のもとに切り下げられてしまった。

残るは権三ただひとり。

しかし権三は、近づけば含み針を飛ばし、離れれば吹き矢を見舞った。

その身のこなしは、猿よりも素早く、切りつけた時にはもうその場にいなかった。

鍛え抜かれた忍者を倒すには、剣豪揃いとはいえ十名では無理だった。

最後の一人は、倒れた敵から奪った刀で切り倒した。

ようやくにして危機を乗り越えた権三は家の外に逃れたが、そこで思わず愕然とした。二十間ほど先に、何と通し矢の名人三村雅之丞が強弓に矢をつがえ、待ち構えていたのである。

権三は、三村の練習する姿を何度も見ていた。

六十六間（百二十メートル）を低く速くうなりをあげ飛ぶ矢は、今まで見たこともない矢勢であった。

咄嗟に、ここから逃げても三村の矢から逃れられないことを悟った権三は、逆に三村に向かって全力で走り、矢を避け、すばやく吹き矢を打ち込む以外に生きる道はないと判断した。

三村は、その動きを読み切っていた。

黒豹のように跳躍し、走りながら権三が吹き矢を吹きかけるのと、三村の射かけは同時に見えた。だが、その速さが違っていた。大概の者の矢ごときものなら打ち落とせる権三だったが、三村の矢は未知の速さだった。その矢は、権三の分厚い胸を貫き、向こう側に抜けた。辺りは、一面真っ黄色の菜の花が朝露に映え、美しく輝いていた。権三からの連絡はプッツリと途絶えた。幕府は、さらなる隠密を何度となく送り込んだが、誰一人帰ってくる者とてなかった。

これに業を煮やした幕府は、有力藩弱体化対策として、まず薩摩に大規模なる御手伝普請を割り当てた。

特に、一七五三年に命じられた木曽三川改修工事（宝暦洪水）は、途中台風による大水出水によって膨大な出費となり、薩摩藩財政を危機に落ち込ませるものとなった。予定以上の出費に、薩摩藩家老平田靭負は、藩財政の疲弊の責任をとり工事完了後に自害している。

しかし、代々の薩摩藩主はこのような幕府からの圧力を必死に耐え、篤姫を徳川家定の正室に送り込むなど策をめぐらし、やがて幕府の雄として歴史の表舞台に出現するのである。

そして、その反骨精神は薩長同盟に及び、西郷等の力によってついに倒幕の大望を果たすことになる。

九十一藩もの藩が通し矢に挑んだなかで、この薩摩に倣ってか、肥後の細川家も一人出場させただけで、後は鳴りを潜めた。

外様の大藩として幕府の姿勢に反骨し続けた薩摩の、面目躍如たる秘話である。

三村雅之丞は、藩の危急を助ける事に何度も重要な貢献を成したが、自身の大望に挑むことはついに許されず、歴史の中にその名を埋めたのであった。

# 第六章　通し矢列伝⑤

# 近代から現代にかけて通し矢に挑んだ名人たち

若林正行

## 福澤諭吉が惚れ、慶應義塾に招聘された「若林正行」

江戸幕府の消滅と共に、三十三間堂通し矢も消滅した。

明治新政府は、武士階級の威厳を示してきた弓術を、新時代を迎えたなかで奨励する気持ちはさらさらなく、子供の発育に悪いなどの風聞を流し、むしろ弓は無用の長物とする姿勢を強く示した。

そのため、三十三間堂で通し矢を試みる者など皆無であった。

武家社会の消滅と共に、弓術も消滅の危機にあった。

そのような世相の中でたった一人三十三間堂通し矢を試みた男がいた。

その男こそ、慶應義塾を創設した福澤諭吉が最も信頼した若林正行であった。

福澤諭吉は、明治元年（一八六八）塾を芝新銭座に移し「士民を問わず、いやしくも志あるものをして來学せしめん」と、名称を慶應義塾とした。

明治二五年（一八九二）、「先ず獣心をなして而して後に人心を養う」という言葉に代表されるように、福澤は体育教育の重要性にいち早く注目し、塾の目標を文武両道とした。

明治十一年（一八七八）の頃には有志の学生が集まり、武器としてではなく、弓術を心身の修業のための体育と見なす新しい目標を掲げ、次第に弓術を学ぶ人数を増やしていた。

福澤は文武両道を明示化する考えのもとに塾に體育會（体育会）を組織し、剣術・柔術・野球・端艇・弓術・操練（兵式体操）・徒歩の七部が創設された。

そんな状況の中、福澤はさらなる弓の修得発展のためには、最も優れた指導者が必要と考えたのだった。

東京では、弓界に名高かった本多流開祖の本多利実が前年の明治二十四年（一八九一）、一高の弓術教授に内定し、翌年就任していた。（後に、東京帝国大学運動会弓術部師範に就任する…明治三十五年）

そこで福澤は「関東の本多　関西の若林」と言われ、当時大阪（高槻）において活躍していた若林正行を三顧の礼をもって迎え入れ、慶應義塾體育會弓術部の師範就任をお願いした。

若林正行は旧高槻藩士であったが、武士の時代が終焉し困窮なる生活を送っていたこともあり、喜んでこれに応じたのである。

明治二十五年五月末、若林は福澤の要請により上京し、福澤邸において対面した。福澤が若林に会うのは初めてであった。若林からは、武術家らしい威風堂々とした筋骨のたくましさが伝わったが、福澤には想像していたほどの大男ではないことも印象に残った。眼光鋭どけれど、その奥にやさしさが溢れ、福澤は我が目に狂いがなかったことを感じていた。

「若林殿、この度は私の願いをお引受け下さり、感謝の申し上げようもありません。これからの若者はまず身心を鍛え、将来の日本国を担って貰うため、我が義塾では體育會なるものを結成し、弓術部をその中に収めました。その指導を是非若林先生にお願いしたいと存じます。」

「分かりました。未熟ながら全力を尽くして、指導にあたらせて頂きます。」

「ありがたき幸せでございます」福澤は、心よりの礼を述べた。

「私は咸臨丸にて渡米し、アーチェリー（洋弓）なるものの様子を見聞いたしてきました。西洋でも鉄砲の出現により弓は無用の長物となり、一時衰退いたしましたものの、その後スポーツとして盛んになっていったようです。」

「弓をスポーツと見なす。それは米国でも実感しました。彼の国では、鹿・兎・熊など野生の動物が多く、その狩猟のための弓が盛んになり、今や数百万の弓人口となっている様子でした。狩猟の練習としてフィールド（野外）アーチェリーと称して、四人一組で野山に多くの的を置き射当てる競技も盛んでした。各地に倶楽部組織があり、そこでは、週に一度各家族が皆で集まり、妻も子供も一緒に弓を引き、そのあとは焼肉などしてパーティを行なうのを常としておりました。」

「そこで弓を射るのも見学してきましたが、上級者の射る姿は見事で、美を感じました。三つの異なる距離から射ていましたが（注：四十・五十・六十ヤード）、ほとんど黄色の中心を外しませんでした。」

「もし、日米の弓が戦ったらどちらが勝つか、興味が湧きました。」

（注：これは昭和十二年に実現する。初回は男女とも日本が勝利）

「先生、そのような良き方向に我が塾の若者を指導して下さいませ。」

「はい、私はスポーツとしての正しい弓の道を指導しようと思っています。」

明治二十五年六月二五日、體育會の発足式があげられ、かくして初代師範若林正行は、大正五年に亡くなるまでの二十四年間、慶應義塾弓術部の指導を熱心に行なった。

「慶應弓術　第十五号」に記載されている、明治末期に学生として慶應義塾弓術部に在籍していた倉林周助氏の口述によれば、

『若林先生は日置流道雪派の人も知る達人であってその人格も穏やかで、おとなしく親切そのもので、部員の指導についても実に良く面倒を見てくれた。それ故部員で誰も悪く言うものがいなかったと記憶している。当時先生には既に相当の御老体で奥様も居られなかったので道場に住まわれていたが、御不自由であってはとの考えから幹事が交替で道場に泊って面倒を見ていた。先生の御生活は質素そのものであって、酒も殆ど飲まれなかった。又講師としての給料が比較的薄給（七円　＊筆者取材による）であったので部員一同が昇給願を出して昇給してもらった事もあった。又部員が的を張ってもらった張り賃を先生に差し上げていた（当時は的を張ると学校から金がもらえたのである）。この様に部員から尊敬されていた先生であったから部生活も自ずから楽しいものであって練習は全く個人の自由で、暇な時に道場に来て一人々々先生の指導を受けたのである。』

『若林先生は部員には皆豪弓を彎（ひ）かせられ、又御自身でも豪弓を彎かれていた。部員の指導は弓に慣れてくるとすぐ次に更に強い弓に変えさせられた。先生の射法は御承知のように馬手（めて）を右肩につけ安定させ、弓手（ゆんで）で押し込まれていくものであったが、部員には骨格体格の相違から馬手が肩につく者とつかざる者とが出て前者の例が村尾次郎氏、後者の例が若林先生亡き後、師範を受けつがれた北村明太郎氏であって、両氏が常

に若林先生の教材となって、部員の指導をされたものである。』

この証言にもあるように若林は各人の個性を重んじ、無理やり一定の型にはめることを嫌った。それどころか、教え子達からも良いところは学び、自分の射の向上にも常に努力していた。教えるより生徒から教わることが多かった、と言われる程の人柄でもあったとされる。

若林正行射姿　（慶應義塾弓術部蔵）

若林が慶應義塾體育會弓術部師範となった当時の弓道場は、義塾が存在する地である三田の稲荷山と福澤邸にはさまれた谷間状の窪地にあった。福澤諭吉は若林の人柄にも影響され、又健康にも良いということから弓を引き始め、毎朝の習慣である散歩の後、明治三十一年脳溢血の大患にかかるまで、若林の指導の下二十射を練習するのが常であった。その後、部員が増え手狭となったこともあり、道場は三田の山西側のビッカーズ邸（外国人教師）脇に拡張移転し、さらに明治三十八年二月十九日　ほど近い三田綱町のグランド内に移築。炬燵（こたつ）部屋を増設し、道場開きがおこなわれた。（「慶應弓術」第十四号）

この時、若林は道場に住み込み、学生の指導にあたることを福澤に申し出た。

「ところで若林先生、住まいの事でございますが、よろしければ我が屋敷に住まわれませんか。幸い部屋もいくつもありますので…。外国の英語教師の方にも住んでいただいております。他にも講師用の宿舎もありますが、どちらでもお選びください。」

「有難きお言葉ですが、福澤先生、我儘を聞いていただくならば、弓の道場にて生活させていただけませんか？」

この言葉を聞いて福澤は驚いた。「あそこは寝泊りはできますれど、冬の寒さは防ぎようがなく、しかもお一人では何かと御不自由かと思いますが…。」

「私は一人暮らしに慣れておりますし、何よりも学生たちと多く接する時間こそ私にとって貴重ですので…」

福澤は、若林の決意の固いことを知るや、これを了承した。炬燵部屋は、まさに若林の暮らしを慮《おもんばか》った（おもんばかった）学生たちの心遣いであった。

若林は、死の直前まで弓を彎く（ひく）ことを止めず、死を迎える寒い冬の朝であっても、最後まで二本の矢を的の正鵠（的の中心にある黒点）に揃えていた。大正五年一月、学生が見守るなか眠るが如き大往生を遂げた。享年七十九歳であった。まさに、弓一筋の人生であった。

若林は、港区三田の蓮乗寺に眠っている。墓自体は戦災で焼失し、戦後子孫により建て替えられ「若林家墓」となっているが、墓石側面には、

従令院正行大居士　大正五年一月三十日

旧高槻藩　永井氏家臣　慶應義塾弓術師範

弓道範士　俗名　若林正行　享年　八十

と刻されている。

子孫が、いかに若林正行を誇りとしているかの証であろう。

## ◆古流と新流

若林正行は、日置流（へきりゅう）高槻道雪派（どうせつは）の達人であった。

日本の弓術は、昔から多くの流派が生まれ、それが更に分派して、それぞれの特徴を形作っていった。

明治期に名高い本多利実は、本多流の開祖であるが、江戸時代の尾州竹林派の流れを汲んでいる。

ここでは、しばし話の流れからそれて、若林正行が継承した日置流道雪派を含む射術流派を概括しておこう。

大化改新以後、中国の文芸思想が日本の弓に浸透し、弓術は朝廷の儀礼行事として隆盛になっていたが、この頃はまだ流派的なものは見られなかった。

武士としての源氏が台頭した鎌倉期になると、弓術では源氏の血筋を受け継ぐ武田・小笠原両氏が歩射・騎射の諸行事に出場するようになり、南北朝期を経て室町期に至って次第に弓馬諸式の行事的様式としてまとまっていった。

しかし、室町中期の応仁・文明の乱の時代において、そうした射術は礼法よりも飛貫中を実戦目標とする射技に重点が置かれるようになった。

大きな射術の改良工夫を行なったのが、日置弾正正次（へきだんじょうまさつぐ）とされる人物である。

この射術は、実戦の場で重要な役割を果たし、弓術隆盛の基盤となった。日置弾正正次を祖とした、その様式を日置流と称するようになった。これが流派発祥のきっかけとなり、以後この流れを汲む吉田家系統の諸流派が発生し江戸期を迎えることになる。

日置流の発生と共に、それ（室町期）以前からの射術にも流派名がつけられる傾向が生じ、これらは一括して「古流」と称された。日置流以後の近世の流派は、古流に対し「新流」と呼ばれている。

古流のなかで江戸時代を経て現代に残るのは、鎌倉時代より栄えた武田流と小笠原流で、いずれも中世においては歩騎射の諸行事に関与した。

## ◆新流としての日置流各派

室町期に勃興した新たな流派は、それぞれ戦国期から江戸時代初期にかけ、それぞれの流派名を呼称し隆盛を競った。

なかでも日置流は、大きく二系統に分かれた。日置弾正正次を次いだ吉田重賢＝吉田流（大和日置系統）を祖とするものと、日置弾正正次の弟である日置弥左衛門範次を祖とし竹林坊如成が興した竹林派（伊賀日置系統）である。

一方、大和日置系統（吉田流）はその後、優れた射手により更なる分派が行なわれた。

以下、主な流派を記すと、
◎大和日置系統（吉田流）…日置弾正正次を祖とし、吉田重賢が興した系統
出雲派…吉田助左衛門重高（出雲守）
山科派…片岡平右衛門家次
左近右衛門派…吉田左近右衛門業茂
大蔵派…吉田大内蔵茂氏
印西（いんさい）派…吉田源八郎重氏（印西）
大心派…田中秀次
寿徳派…木村寿徳
雪荷（せっか）派…吉田六左衛門重勝（雪荷）
道雪派…伴喜左衛門一安（道雪）
◎伊賀日置系統…日置弥左衛門範次を祖とし、竹林坊如成が興した系統
竹林（ちくりん）派…石堂竹林坊如成
石堂竹林派…石堂家の系統
尾州竹林派…尾張藩に伝わった系統
紀州竹林派…紀州藩に伝わった系統
（「近世日本弓術の発展」石岡久夫著）

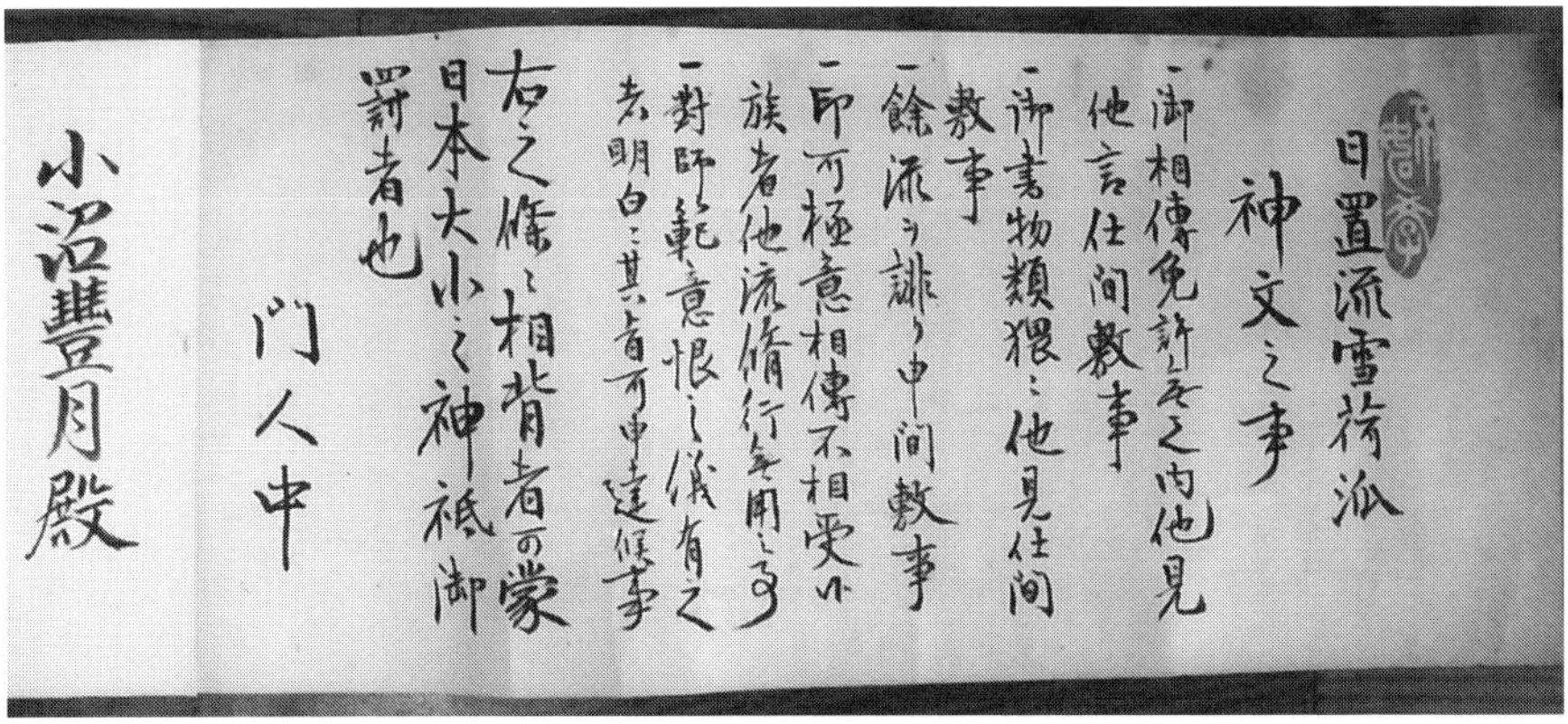
日置流雪荷派
神文之事
一御相傳免許之無之内他見
他言仕間敷事
一御書物類猥ニ他見仕間
敷事
一餘流ヲ誹リ申間敷事
一印可極意相傳不相受以
族者他流修行無用之事
一對師範意恨之儀有之
者明白ニ其旨可申達候事
右之條々相背者可蒙
日本大小之神祇御
罰者也
門人中
小沼豊月殿

雪荷派についてはアサヒ弓具店に雪荷派代々の系譜を記した巻物があるが、初代を重勝とし、アサヒ弓具先代社長の小沼英治氏の名が十五代として記載されている

## ◆日置流雪荷派　神文の事

一、ご相伝免許（そうでんめんきょ）、之無（これな）き内（うち）、他見他言（たけんたごん）しまじきこと

一、おん書物類、猥（みだり）に他見しまじきこと

一、余流（よりゅう）を誹（そし）り申すまじきこと
　（余流――他流の事）

一、印可極意相伝（いんかごくいそうでん）相い受けざりし候（そうろう）族（やから）は他流修行無聞（むもん）のこと

一、師範に対し遺恨の儀これ有る者、明白（めいはく）に其の旨申し達すべく候こと

右の條々相い背（そむ）きし者は日の本、大小の神祇（しんぎ）の御罰（おんばつ）を蒙（こうむ）るべきもの也

（読み下し徳田雅彦氏）

## ◆道雪派　若林正行の三十三間堂

さて、若林正行の学んだ道雪派がいかなる流派かといえば、大和日置流の祖　吉田重賢の嫡子重政の四男（重賢の孫）である吉田六左衛門重勝（雪荷派祖）の門人　伴喜左衛門一安という名射手に由来する。

この伴一安が一派を興し、入道の後道雪（どうせつ）と号していたところから道雪派と称されるようになった。

この流派は桃山期以後、江戸時代を通じ諸藩に栄えた。

道雪は、早くから雪荷に師事し弓術修業に励み、ついに雪荷から射書の秘訣目録及び印可証文を授けられ唯一人伝を相承した。

そして道雪は、師雪荷からの養子話と雪荷派継承を遠慮するとともに、師の許可を得て道雪派を立ち上げたといわれる。

その後、道雪は修行と称して、住まいしていた丹後を辞し諸国を巡歴しつつ弓を伝授していった。その門弟となったものは数千人に及んだといわれ、それらの人々は諸国にあって道雪派を称した。

道雪派本流系譜をみると、祖は伴道雪（一五八八年に印可を得る）であるが、その十代目にあたる若林雲八郎正興が高槻藩に仕えた。

その子若林泰治郎（泰次郎とも）正宣は、正行の父であるが、子供の頃より雲八郎正興から弓術を指導されている。

そして泰治郎は、三十三間堂で九十一本を通している。これは、《百射》の天下一（九十一％）として記録に残っている。

さらに若林泰治郎正宣の弟子に、石崎八郎長久がいた。

石崎は道雪派を学んだなかでも特筆すべき天才的大射手で、天保十三年（一八四二）四月十一日、三十三間堂通し矢で六一〇〇射中　四四五七本を通し、また江戸の通し矢で百射中七十四本を通し、江戸の天下一となっている。

もちろん大矢数（二十四時間）での天下一は和佐大八郎であったが、石崎の頃すでに大矢数は中止されており、日矢数（十二時間）での通し矢であった。

当時は、この石崎の四四五七本の記録が三十三間堂日矢数日本一と思われていた。

さて主人公の若林正行は天保八年（一八三七）高槻に生まれ、やはり三歳の頃から父泰治郎正宣から手ほどきを受け、父亡き後、石崎長久の弟子として道雪派を学ぶなかで、祖父・父の血を受け継いでか天才的才能を示していった。

練習では、十五歳にして最早父や師の記録より上まわるものを出すほどであった。

一八六四年　正行二十七歳の時、蛤御門の変が起きた。これに臨んで正行は弓矢を持って戦いに出陣し、長州側の多くを弓で倒したとされる。

三十三間堂通し矢のための速射の練習を積んでいたので、その練習が実戦においていかにすさまじい効果を上げるかを実証することとなった。三秒に一射、つまり三十秒で十人を倒したのである。

一寸二分の厚みを持つ弓から放たれた矢は、低くうなりを上げ、百間も先の馬上の侍大将を射倒したという。

長州を率いた久坂玄瑞（くさかげんずい）も矢傷を受け、後に自刃したとされる。

父や師の石崎と同じように、三十三間堂で通し矢に挑むのが若林正行の夢であったが、それは遠い夢でしかない明治の初期ではあった。

しかしながら明治の世も後半になると、武器としてではない弓が次第に盛んになり、若林が慶應の弓術師範となってからの三年目、明治二十八年、福澤はひそかに若林に三十三間堂通し矢の挑戦を薦めた。

人脈豊かであった福澤は、人を通じて三十三間堂の通し矢の許可を得た。

もちろん大矢数は禁止であったが、日矢数は許可された。

若林は、この福澤からの配慮をなぜか一度は遠慮した。

しかし、祖父　若林雲八郎も文政六年に齢六十歳にして惣百射六十四本を通していたこともあって、福澤からの再度の勧めで決意したのである。

父からも石崎からも通し矢のための細かな技術を教えてもらっていたし、実は生徒が道場にやってくる前の時間、五百射ほどの小口前（巻藁練習）をし、夜にはまた五百射の練習をしていたのである。

そして石に縄をつけ、石の引き上げも続けていた。

すでに六十歳にならんとしていたが、その肘力は少しも衰えてはいなかった。

福澤の応援を得て、三十三間堂に挑戦した彼は、検見役はしかるべき人に頼んだものの、資金もないことから矢拾いはもっぱら慶應の弓術部員を用いた。

かつての高槻道雪派の仲間達が、矢作りの資金を応援してくれもした。

父の使った矢も、数多く残っていた。

ついに明治二十八年五月、若林は六千有余の射のうち、通し矢四四五七本を射通し終えた。

なんとその記録は、恩師石崎長久の記録とまったく同数であった。

あとにも先にも明治時代に三十三間堂に座したのは、若林正行ただ一人である。

この記録は当時の弓界で、さすが若林、若林こそ日本一の射手なり、という評となって伝わった。しかし若林は一切それを吹聴することもなく、福澤にすべてを報告した以外は、応援や手伝いに参加していた塾生たちにも吹聴せぬよう頼みこんだ。

そして次の日には、何事もなかったの如く慶應の射場にて弓を引いていたという。実は若林は、蛤御門で多くの長州の若き藩士を射倒したことを深く後悔しており、神聖なる弓を戦いに使用したような己れに奉納する資格はないと思っていたのである。


「日置流石堂竹林派第十二傳正脈」

岡井満氏の編纂した三十三間堂通し矢矢数帳に、

明治二十八年　京都
通矢四千四百五十七本、若林素行

と記録されている。

筆者は、はじめ正行と素行は異なる人物ではないかと思い調べたが、どう調査しても明治時代に堂に登ったのは唯一人であり、素行は正行の変名であることは間違いないと信ずるに至った。

なぜか若林は奉納にあたり、本名の若林正行を使わず、若林素行と記入していた。

ここに、蛤御門の変を経験した若林の心象をうかがい知ることができる。

江戸時代に大きく花を咲かせた三十三間堂通し矢を、事実上幕引きすることになったのが、若林正行であったといえる。

明治三十八年に出版された海老塚四郎兵衛の著作には、『(明治)二十九年十一月赤坂御所に於て畏くも東宮殿下（注、皇太子の意味　後の大正天皇）の上覧を蒙りしが、三十一年五月更に島津公爵邸に召出され指矢前（注、矢継ぎ早に射る射法）を上覧に供し優渥（ゆうあく）なる御言葉を下し給はる』とある。

三十三間堂における実績が、このような栄に浴する結果となったのであろう。

ちなみに薩摩島津家では、関ヶ原の戦いで有名な島津義弘の子第十八代藩主家久が、日置流元祖の日直弾正忠正次の正統を伝承した吉田一水軒印西の高弟であり、さらに幕末期の第二十八代藩主島津斉彬が軽視されていた弓術を改めて振興させよと命じていた、という背景がある。

注：若林正行の京都三十三間堂通し矢の記録は、岡井満編「三十三間堂通し矢矢数帳」を元に記述したが、「弓道人名大辞典」小野崎紀男編著や「弓術」海老塚三郎には、～百射試み、五十五本通矢しの記述がある。

## ◆若林正行の射術

明治二十九年、若林は慶應の弓術部員のために、少しでも上達の一助になればとの思いから一冊の本を出版した。

これが日本で最初の、一般人に向けた活版印刷による弓術指導書となったとされる。

それまでは、射法は各流の秘伝として優れた一部の者のみに伝えられており、誰で

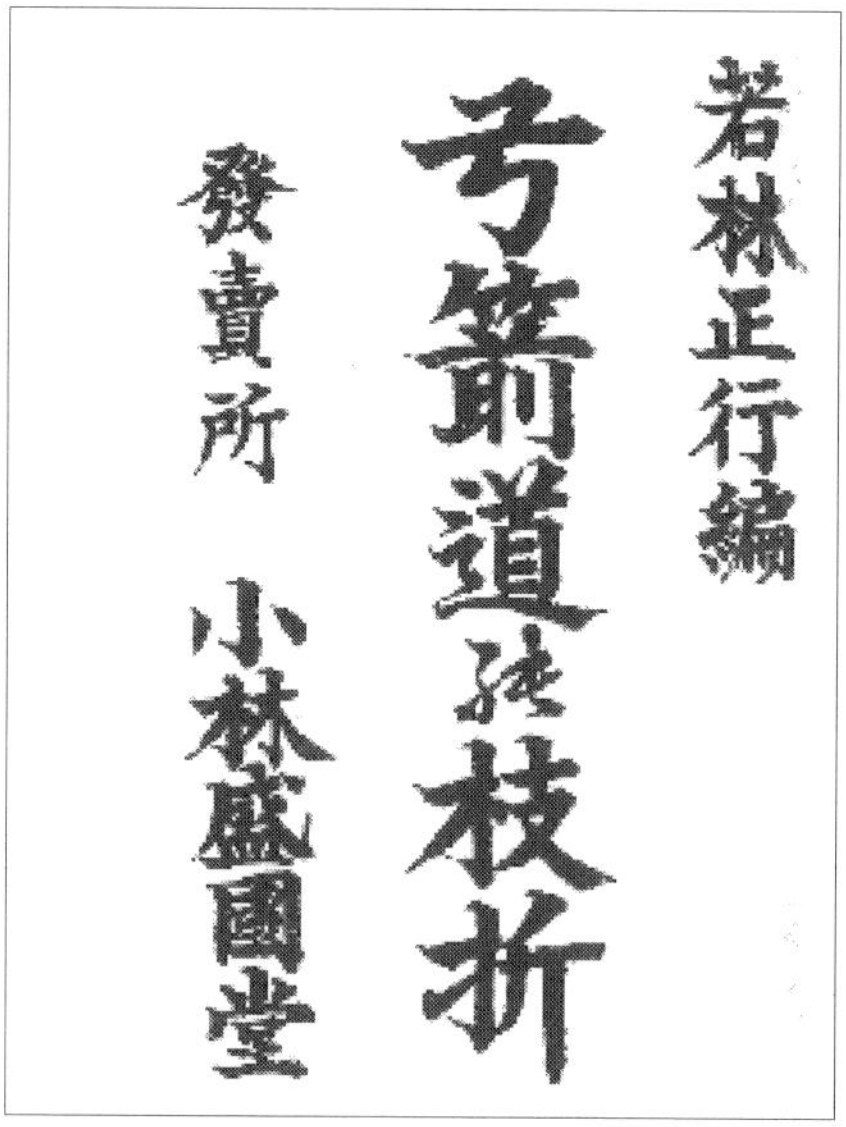


若林正行編　「弓箭道ノ枝折」表紙

もが目にすることが出来るというものではなかった。

若林正行編「弓箭道ノ枝折（定価十八銭）」

弓箭とは弓と矢を意味するが、「弓箭術」ではなく「弓箭道」としたのが、興味深いところである。

日本の弓術は、江戸時代に大きな花を咲かせ、弓を志す青少年は数百万人を超え、良師・名人多数を生んだが、明治期になると年と共に滅び、数多くいた弓師・矢師達も食べていけない時代となった。

弓術の衰退は、幕末の文久二年に幕府講武所において弓術の稽古が廃止され武士の手から弓術が離れたことで現実化した。

当然、三十三間堂通し矢も消滅した。

そして近代兵器の普及と共に実質的に無用の長物となり、さらに追い討ちをかける

明治期に大流行した大弓
一寸の的を三個集めて立て、競った（絵：清水憲彬）

ように明治九年三月帯刀禁止令が出され、武士の魂とされた刀すら持てず、まして弓など手にすることもできなかった。こうして武士の時代は完全に終焉していった。

しかし、武士の時代が終焉したからといって弓が完全に消滅したかといえば、そうではなかった。人の心の中に矢を射て狙ったものを射抜くという喜びは、原始の人々が弓で獲物を仕留めた時の本能として決して消えることはなかったのである。

そして何よりも喜んだのが、一般庶民だった。今まで弓は武士のものだけだったのに対し、大手を振って弓を引けるようになったからである。

ただしそれは、武士道としての弓ではなく「揚弓場」「寸的」「大弓」といった大衆娯楽としての発展であった。

明治十八年十一月の新聞記事には、〝上流社会に大弓大流行〟という記事があり、又揚弓場は東京だけで二十八軒も軒を連ねたといわれている。

それは、吉原などの遊廓に作られ、遊び人が娼妓や遊芸者などを連れ、待合の時間つぶしや、帰りがけの娯楽として利用され栄えた。

江戸時代栄えた弓具店も、生計が立てられなくなり廃業するものもあったが、矢場に雇われたり、自ら店を出したりするものもいた。

このありさまを「明治以降の弓は精神まで没落し、野蛮人にも及ばない低級さにまで退化した」とか、「射は君子の道なりを修業してきたものが、賭け弓や、いかがわしい弓にまで、これ以上はなきほどに堕落し、日本の未来は暗澹（あんたん）たるものなり」との論評も少なくなかった。

しかし、ものの表裏の見える人にとっては、武士のものだけだった弓が大衆の弓となり、弓と弓具店の消滅を救い、さらにその堕落の方向に振れた振子を元の正しきところに戻そうとするエネルギーを誘発するであろう事が読み取れていた。

振子は常に中心に戻ろうとするものである。

事実、このような弓界を正すべく、正しく弓を引いていた京都府知事　北垣男爵をはじめ、判事や検事達が中心となって、明治二八年に大日本武徳会が設立された。

この会には多くの賛同者が集まり、術を超えた精神性に重点を置いた「弓道」へと名を変えようとする風潮が生まれ、引いた潮がまたうち寄せるかの如く、しばらくの時間はかかったが弓をやる諸学校を始めとし、次々に弓術から弓道へと名を変えたのだった。

明治の中頃における弓術の堕落を大いに憂いていた若林もその一人であったのか、大いに同調し、自らの書も「弓箭術」ではなく「弓箭道」としたのである。

しかし若林は、「道」それは弓の最終目標であるとも考えており、ある時、若林は教え子達に向かって「術を極めた後、道なり」と、低くつぶやいたといわれる。

ほとんどの学校が、弓術から弓道に名を変えたのに東京帝国大学（東京大学）と慶應義塾大学だけは弓術部の名を継承し続け、弓道部と名を変えることはなかった背景には、明治時代を二分した帝大の本多利実と慶應の若林正行の弓に対する姿勢が色濃く反映されている。

さて、明治二十九年に発行された若林の「弓箭道ノ枝折」を読むと、興味ある内容に遭遇する。

射学大要の中に、「射者ハ必ラズ正己而発スト云ウヲ忘ル可ラズ」はよいとして、その弓を賭け事などに用いる如きは精神紛乱と、人ではないことと言っているのは、当時、賭け事や射的にいかに弓が使われていたかという事実を物語っている。

技術的には、「弓手（ゆんで）三分、勝手ハ七分ト心得ル可シ」とある。

このことは、通常の的前行射でいわれる弓手七分・勝手三分では通し矢は通らなかった、ことを意味している。つまり、弓手（押手）は必要以上の力を加えず、余れる力を最後の発射に使う射法でなければならなかった。

若林の祖父雲八郎は、竹林派秘伝の書を手に入れ、その極意とされる引き分けの力の使い方〝四分六分〟のことを学んでいたとされる。弓手をつっぱったり振りこんだりしていては、矢は失速するばかりだったのである。アーチェリーの場合も、名人は、弓手は弛緩の感情を持って立ち、矢を放った瞬間その腕をまっすぐ伸ばせと教えている。矢を放つとそれに伴って弓手が最後の押しを効かすのである。

このことは、昭和の通し矢の研究家、岡井満先生も常に言っておられたとされる。

通し矢では弱い弓の方が矢数を引ける。その弱い弓で三十三間堂を射通すには、発射のときに矢に勢いをつける射法でなければならなかった。それは、弱い弓で強い矢を出す秘伝なのだ。

ただ初心者には弓手七分と教えないと、弓から矢が落ちてしまう。

足踏みで面白いのは、

左ノ大指（親指）ヲ狙ウ物ニ押アテ射ナリ

として、左の足を的の方に向けている。（図参照）

また引分けの後は小指を締めることが大切といっている。又、

放シテ後大指のタツガヨシ

として、親指が上を向いている。

速射の場合、この射法が適切だったのだと考えられる。

もたれる人は、これをやると直し易い。

さらに当時は、会とか残身とかいう言葉はなかったようだ。

残身（心）のことを、餘裕（よゆう）といっている。

餘裕ハ、射放シテ后ノ位ナリ、放レルニ及テ弓手ノ大指ヲ返ス可シ

握詰ニテハ餘裕出来難シ

此餘裕ノ位ヲ以テ弓術至極ト云ウ可シ

とある。

若林の残した「餘裕」の文字を見ると、「残身（心）」のことを江戸時代には何と云っていたのだろうか？ということに思いが至る。

「残身（心）」という言葉は、明治の末期になって創ら

「弓箭道ノ枝折」にあるさし絵の解説図。

れた言葉で、江戸時代は各流派によってそれぞれ云い方が異なっていたようである。日置流道雪派では、若林の「弓箭道の枝折」に見られるように、残身（心）のことは「餘裕」と云っていた。

竹林派では、「未來身」とも「見込」とも云っていたようである。

竹林では、弓を三つに分け、

「過去身（弓構えから打ち起しまで）」

「現在身（引込みから離れまで）」

「未來身（離れた直後・・・五味の見込）」

とし、見込は射術五味（目付、引込、延合、離、見込）の内のひとつで、矢の離れた後の姿勢と心の働きとの味合を云っている。

以上、「竹林射学小目録伝書・竹林射法大意弓道志彀」（前田圓　編書）等を参照した。

若林の「弓箭道の枝折」では、手の内の「紅葉重ね（もみじがさね）」にも触れている。

紅葉重トハ手ノ内ノ五本ノ指ヲマズ小指ノカタヨリ先ヘシメ、次第ニ指ノ重ル様ニテ握リテ大指ニテヨクシメテ打切ニ射ル

とあり、これは秘事也としている。

手の内の二つ目として、

一、人差指ノ根ニテ弓ノ三角を押ナリ

一、大指（親指）ノ先ヘチカラヲ入レルナリ

一、小指ハシメルナリ

とある。

教え方にも触れている。

他ノ人ニ教授スルニハ、人ノ筋骨・気情ヲ我身体ニ移シ其性質骨格ニヨリ教授ス可シ

この本の中に道雪派の射の真髄と、通し矢（堂射）のための射法が秘められている気がするのである。

誰にも同じ型を押し付けるようなことは、まったく無かった。

先に引用した明治三十八年の海老塚四郎兵衛の著作の末尾に、若林に対する海老塚の評が記されている。

これをもって、若林正行の射術の紹介を終わりたい。

『若し夫れ一度弓矢を採って的に對すれば雲を起し龍を麾く（さしまね）の神技人をして殆ど技の起滅を窺ふの暇なからしむ。真にまたこれ天下の妙技なる哉。』

## ◆若林正行の使用した諜

若林は江戸時代の安政四年（一八五七）十一月、先手ゆがけ（押手諜）を新調している。

おそらく何万射いや何十万射も使用されたそれは、あちらこちらが擦り切れ、ほころびており、弓返りがしないように〝くすね〟（松脂を煮詰めて作った滑り止め）を塗りつけた黒

い跡もこの先手ゆがけに残っている。

さらに、この先手ゆがけの親指部分の上部中央には円筒状に皮を巻いたものが括りつけられている。これは、通し矢を行うときの狙いとして使われたものと推察される。

右手に装着する喋（ゆがけ）は、安政五年（一八五五）三月に新調している。

特筆すべきは、親指が入る堅い芯で補強された部分に穴が二つ空けられていることである。これは、通し矢で一日中行射する際の蒸れを防ぐ工夫である。

胸当ても肩当ても、喋同様上質な鹿皮で作られており、この小さな肩当てに喋を付けることでいつも一定の矢尺を確保し発射するという工夫がなされている。胸当てには、若林家の家紋が描かれている。

注：筆者は、この若林の使用した先手がけと喋を手にはめさせてもらったが、若林の手がさほど大きなものではなかったことが分かった。

これら喋等は現在、長谷川弓具店で大切に保管されている。

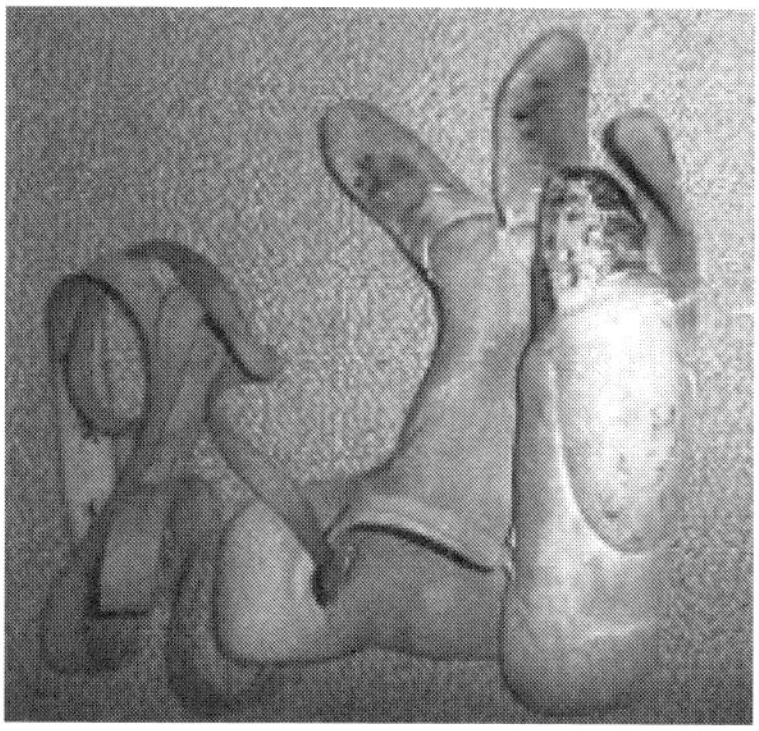
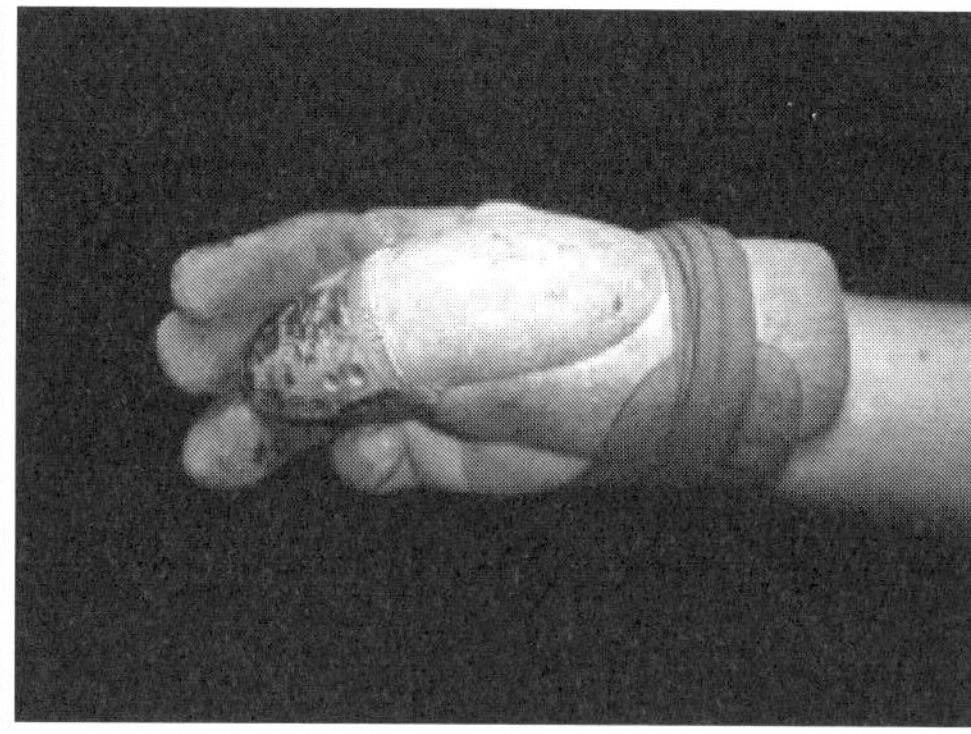

若林正行使用　碟　　＊親指に二つの穴が空いている

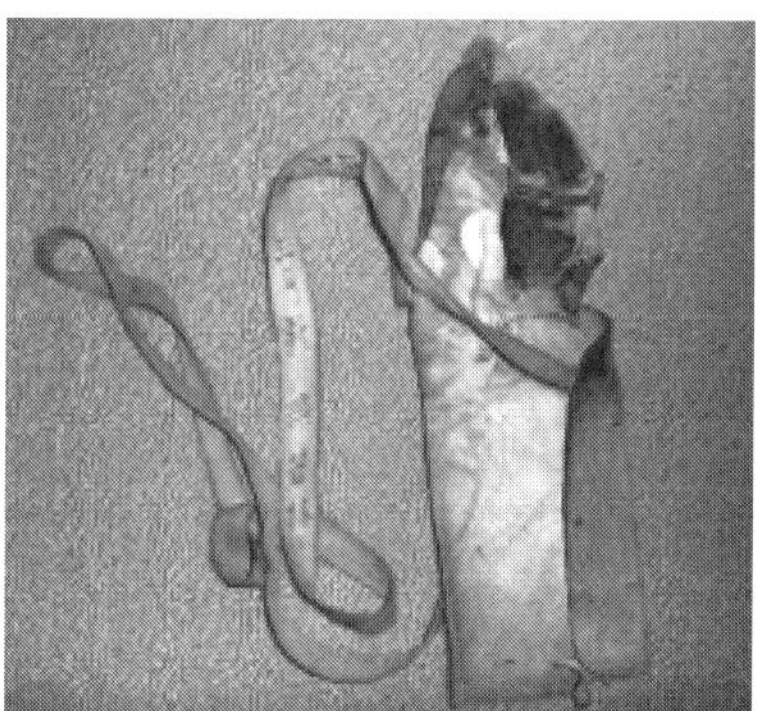
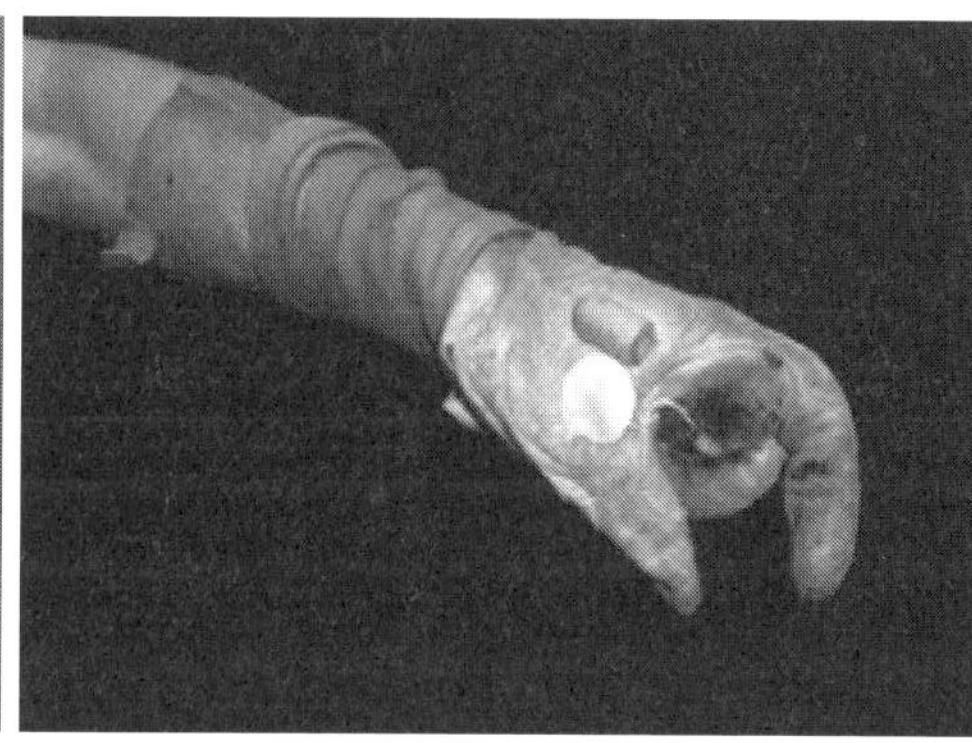

若林正行使用　先手ゆがけ　　＊狙いとして付けられた円筒状の皮

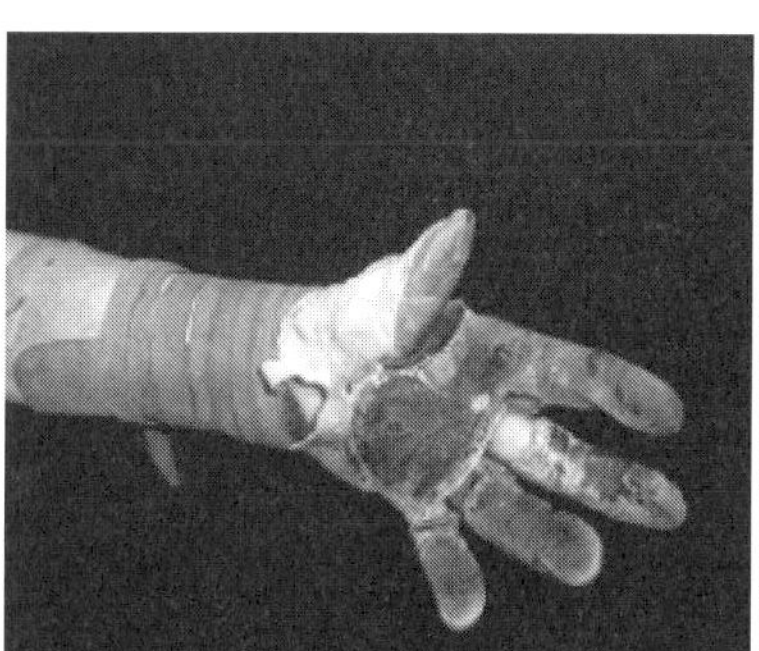

＊弓返りを防ぐため、くすねで黒ずんだ先手ゆがけの掌部分　（資料提供：長谷川弓具店）

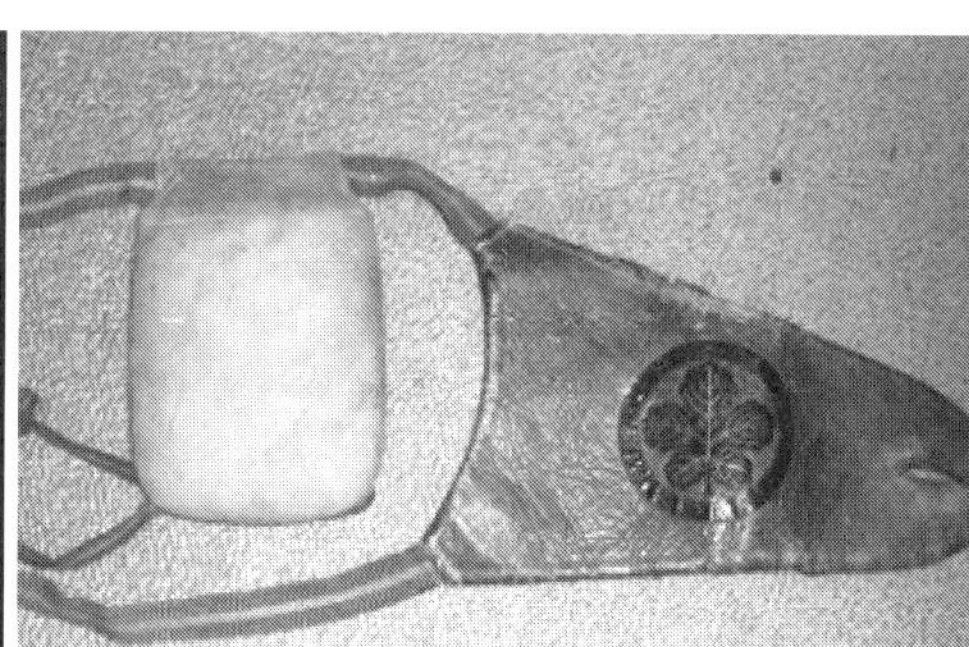

若林正行使用　肩当てと家紋入り胸当て

## ◆若林の形見

体力の限界を感じるようになっていた若林は或る日、愛弟子の桂義郎を呼び、自分が最も愛している三十三間堂通し矢四四五七本を射通した思い出の先手ゆがけ・弽・肩当て・胸当てのすべてを形見として譲り渡した。

「桂君、これらの用具はわしが通し矢のために使ってきたものです。これからの時代には最早通し矢に挑む者はいないだろうが、記念として貰ってください。」

「先生、ありがとうございます。このような先生のお宝、私のような者が頂戴してよろしいのでしょうか?」

桂は、先生の大切なものを一番弟子の二代目師範となる北村明太郎ではなく、自分に渡されたことに感動していた。使い古された用具ではあったが、そこには深い歴史が刻まれていた。先手ゆがけの紐（ひも）には『安政四年　新調　若林正行』と墨書されていたが、桂はそのすぐ下に『若林正行門人　桂義郎』と書き入れたのだった。

日置流道雪派の特徴は、妻手（勝手）を右の肩当てに付け安定させ、弓手（押手）で伸び合い押し込んでいくという射法である。

部員の中には、それが出来る者と出来ない者とがいた。

桂は前者で、北村は後者であった。

そんな違いもあったが、若林は何より桂の弓に対する熱意、真面目で誠実な人柄、それに加えた指導力、若林は桂こそ自分の第一の後継者と考えていたのだ。

## ◆若林の意志を引き継いだ慶應義塾 桂 義郎

若林の期待通り、桂は慶應義塾弓術部の先輩として、四代目の慶應義塾弓術部師範として多くの学生を育成した。

慶應義塾大学弓術部は、若林の死後、慶應における一番弟子で大会において的を外したことがないといわれた北村明太郎が大正五年に二代目師範となり、三代目師範の和智敏之介を経て、四代目桂義郎師範へと引き継がれた（昭和五年～戦後中断をはさんで～昭和四十六年）。

五代目師範は、同じく部員だった野口祥一（平成十一～十八年）が継いだ。

現在慶應義塾は、中学・高校・大学のすべてに九つの弓術部が存在し、合わせると毎年三百五十名を優に超える部員が活動している。内、約半数が女子部員である。

桂の、学生の自主性を前提とした指導を乞うてくる者にはとことん指導するという教え方は、若林にそっくりであり、一日とて道場にいない日はないといわれた。

桂の大きな功績は、日置流の斜面打ち起しを健康面の観点から正面打ち起しに変えたことだった。

この独自の射法は、「慶應流」と称され斯界に重きをなした。

さらに桂は、弓の上達のためには「静射（せいしゃ）」が大切なことであると説いた。

これは、射場で的に向かい正座し目を閉じ心を澄ますのだが、単に心を澄ますに留まらず、澄んだ心情の中で頭を使い最高の射を十本ほど引くのである。

一種のイメージトレーニングでもある。

おそらく、日本の弓術指導者のなかでイメージトレーニングの必要性を説いたのは、桂が嚆矢（こうし）といえよう。

以後、慶應では大学・高校・中学のすべての弓術部で、練習を始める前に全員が正座し「静射」を行うことが伝統となっている。

桂は若林を見習い、道場に泊まることはなかったものの、連日のように朝学生が来るより早く顔を見せ、夜も遅くまで道場に居て、指導を乞う者にとことん自分の術と考え方を教えた。

その人柄はやさしく温厚で、多くの学生から慕われたのだった。

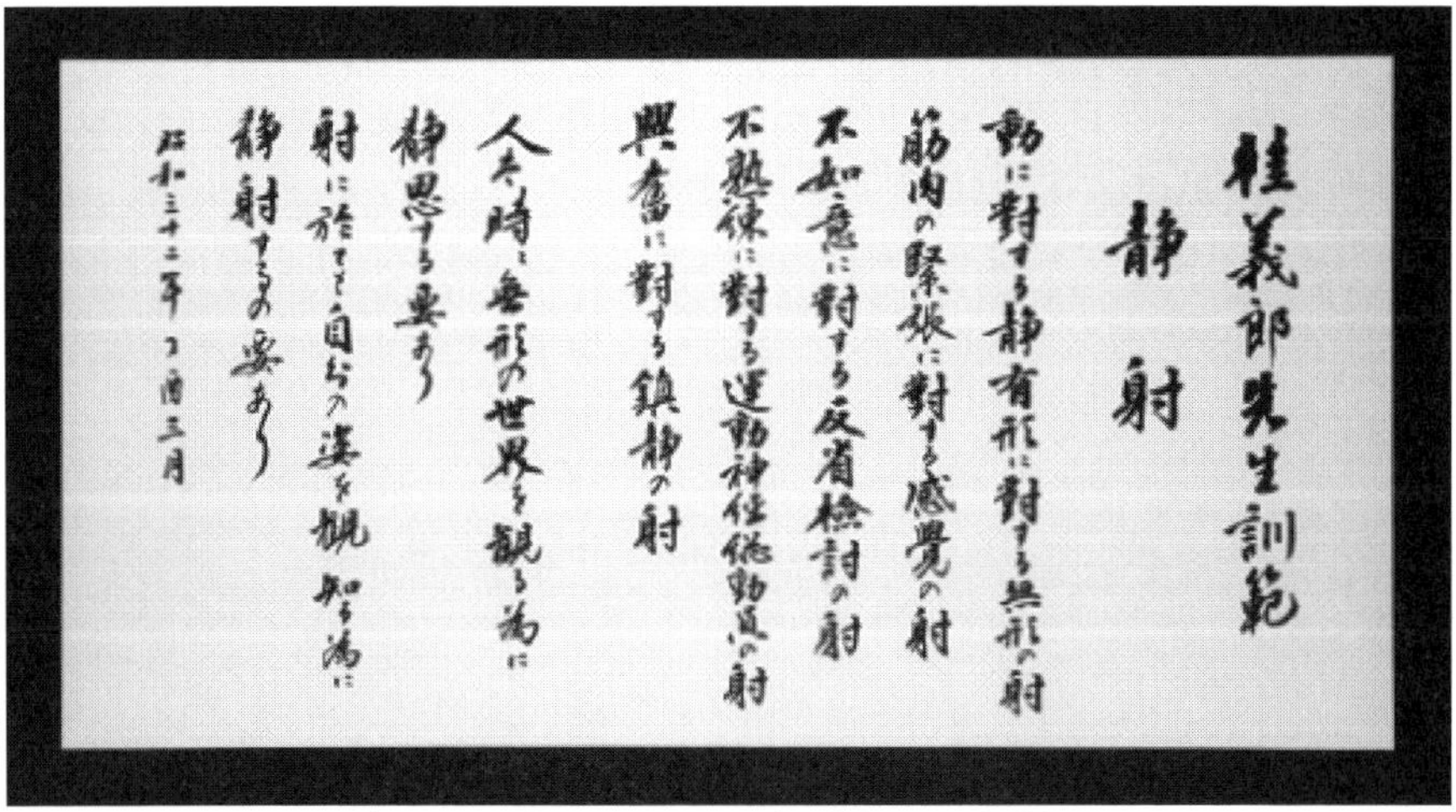


慶應義塾正己弓道場に掲げられている「静射」訓範額　（慶應義塾弓術部蔵）

いまだに桂の指導を受けたＯＢたちは、尊敬を込め先生の思い出を語り、自分たちが学んだ慶應流を現役学生に伝え続けている。

## ◆大正期における通し矢

明治時代に三十三間堂にて通し矢を行ったのは、慶應義塾弓術部で師範をしていた若林正行（別名素行）唯一人で、その記録も日矢数ながら四四五七本を射通し、〝通し矢の幕引き〟をした男と云われた。

大正期に入り、次第に弓道を志す者が増え、それに伴い再び堂射に挑む者が現れていった。

中心となって推進したのは、大日本武徳会である。

その記録が、日置流石堂竹林派第十二代の岡井満の取りまとめた「三十三間堂通し矢・矢数帳」に記載されている。

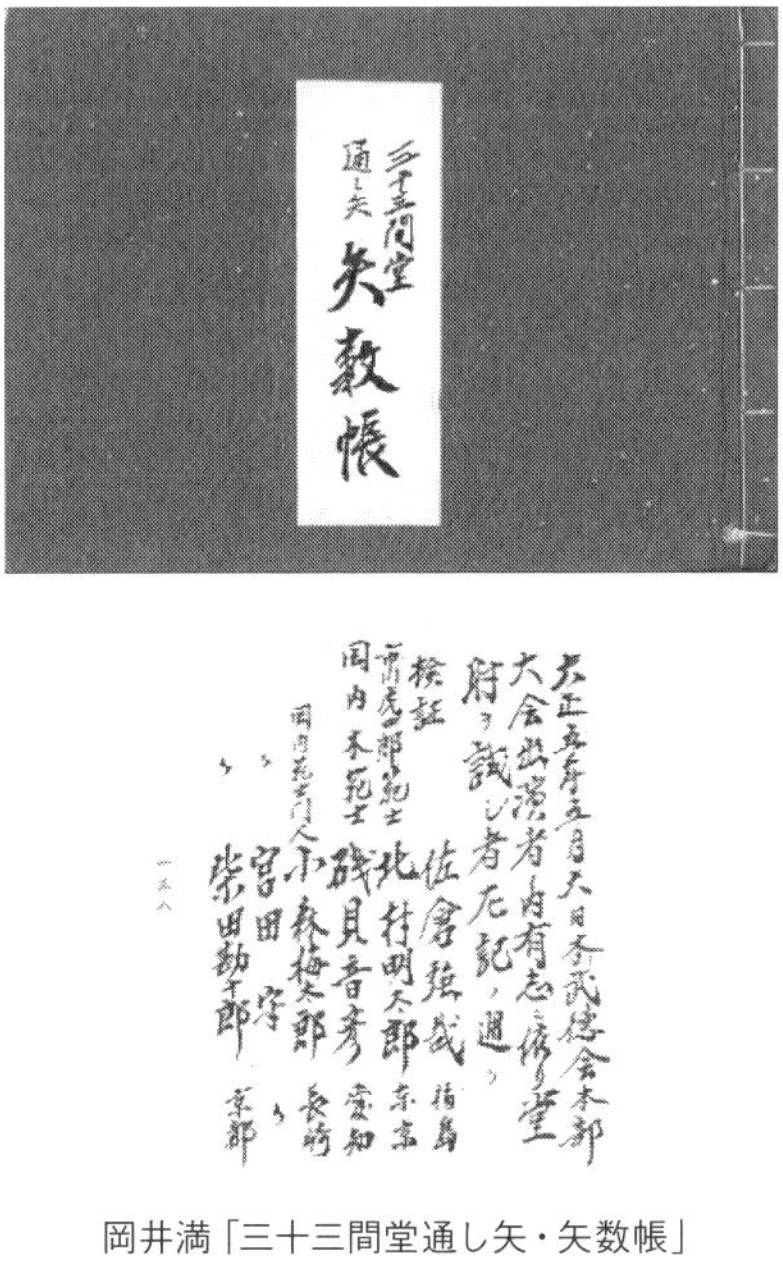

岡井満「三十三間堂通し矢・矢数帳」

大正五年五月六日　日本武徳会本部大会出演者ノ内有志ニ依リ堂射ヲ試シ者
左記ノ通リ
検証　市川虎四郎範士　岡内 木範士
佐倉強哉　福島
北村明太郎　東京（注：慶應義塾弓術部二代目師範）
磯貝音彦　愛知　岡内範士門人
小森梅太郎　長崎　岡内範士門人
宮田　守　長崎　岡内範士門人
柴田勘十郎　京都　岡内範士門人

大正六年五月六日　武徳会本部出演者中有志ニテ
検証　市川虎四郎範士　岡内 木範士
一、拾三本　北村明太郎　東京　惣矢二十五本
一、十八本　白井時太郎　京都　惣矢三十本
一、十一本　柴田勘十郎　京都　惣矢二十本　岡内範士門人
一、拾本　村川　清　惣矢二十本
一、拾二本　小森梅太郎　長崎　惣矢二十本　岡内範士門人

大正八年五月六日　有志ニ依リ堂射試ミタル者左記
検証　市川虎四郎範士　岡内 木範士
京都　柴田勘十郎
中村喜三郎
内畑治兵衛
土井彦太郎
拓植　満　以上　岡内　木範士門人
白井時太郎
芳賀　某
合田雄次
田丸　勇
佐々木久弥

## ◆昭和の時代に通し矢を行った男達

戦争の傷跡が治り始めた昭和二十四年十一月二十六日、「三十三間堂通し矢復活式」が行われ、妙法院御門跡様の検証により、岡井満が、岡内木範士の指南、介添として弓師・柴田勘十郎教士の協力を受け三十三本を奉射した。

昭和三十二年一月十五日には、「弓初め大会」の特別演技として八年前と同じ岡井満が介添・柴田勘十郎を伴って五十本を奉射した。この様子は、ＮＨＫテレビの全国放送で放映された。昭和三十五年一月十五日、読売テレビ全国ネット放送により、二十代目　柴田勘十郎と岡井満がそれぞれ二十本の奉射を行っている。

昭和四十年六月　ＮＨＫテレビ放送の「日本ノ伝統弓」実況放送として、岡井満により五十本の奉射が行われた。

昭和六十三年一月十五日

現代の弓道が最高の弓と最高の矢を使い、現代の弓道家が三十三間堂通し矢に挑戦したら何本通せるか？　という企画がなされ、このために五名からなるプロジェクトチームが結成された。そして、このプロジェクトの模様はＴＢＳテレビにより「武士道再現　三十三間堂・通し矢に挑む」と題され放映された。

弓師は「小笠原流弓馬術礼法宗家御用弓師」八代目・小山次郎橘雅司　四十四歳。矢師は、先祖が伊達藩の弓術指南役として三百石の禄を受けていた武士の家系で吉田流を伝えていた、佐藤功男　四十三歳。

射手は、筑波大学で弓道を学んだ、芦川裕一五段　二十八歳。介添は、筑波大学講師　森俊男　三十八歳。指南役として、昭和に入り四度も三十三間堂に上っている日置流石堂竹林派第十二代　範士八段　岡井満　八十八歳。以上の五名がタスクフォースを結成し「通し矢」に挑んだのである。

弓師小山雅司は、この企画を依頼された時、快く引き受け、今までの体験を生かし、最も矢飛びの良い高性能の弓を作ることを決意した。その結果、弓は小山弓具が新たに開発した竹和弓「清芳」とした。

「清芳」の特徴は、内竹の内側に〇・三ミリの炭素繊維（カーボン）を貼り付け、外竹の内側にも同じように炭素繊維を用いた点にある。江戸時代、通し矢のための良き弓とは、外竹と内竹に挟まれる部分の竹ひごをよく炙り（あぶり）炭化させることで、弓自体の強さと反発力を強化させたものであるとされ、実証されてきた。グラスファイバーの弓や、数々の現代に即した弓具を発明・開発してきた実績を持つ小山雅司は、このことにヒントを得、竹弓に炭素繊維（カーボン）を貼り付けるという工夫を試みたのである。このことにより、今までの竹弓よりも高反発・高弾性を実現することができた。

芦川射手がいつも使っているという強さに合わせ、二十キロ前後の弓を何本か試作した。通し矢は坐して行射し、より低い弾道が求められるため、従来の弓より下方を詰め、握りの位置を低くした。芦川射手の体格に合わせ、少しずつ短くしていった。何度も何度も芦川射手と試射を繰り返しながら、ほぼ満足できる弓を完成させた。

弓の初速は、約二百キロ。水の入ったバケツを貫通させる弓力がある。現代では一般的には十三〜十八キロあたりの弓力が使用され、二十キロ以上の強弓を使う射手は少ない。しかし通し矢は、床から天井までの高さが約五メートル程であり、床にも当らず天井にも当らず、百二十メートルを射通すためには二十キロ以下の弓では不可能であった。小山は研究を重ねた結果、満足できる弓を十張ほど用意した。

矢師佐藤功男は、江戸時代に行われていた通し矢に使われた矢の研究に明け暮れていた。彼も又、矢師として最高の矢を作りたいとの意欲に溢れていた。最高の竹材を使用し、熱した竹を何度も何度もしごき、そして削っていく。形状は「麦粒」。この矢は、江戸時代に日本で発明されたもので、中心部が太く両端が細くなっている形状から「麦粒」と名づけられた。この矢の優秀性は、何とアメリカ・イーストン社社長ジム・イーストン氏によって認められた。彼は、アルミコアにカーボンを巻きつけることで中心部を太くして麦粒矢を完成させたが、この矢は今や世界中のアーチェリーの選手達が使用している。世界最高の評価を得ているのだ。しかし、これに竹を用い手作りで作るとなると、均一性を実現させることは至難の業となる。

削りあげた矢に更に金剛砂を付け、石で磨く。すると竹に砂による小さなディンプル（ゴルフボールの表面と同じようなくぼみ）ができ、より矢飛びが良くなる。（「砂削りの矢」）

通し矢で使われる矢は、一般的な的中のための弓道と大きな違いがみられる。

一、矢の重心は、矢の中心より後方にする（的中のための矢は中心より前方）。

二、羽根は、短くし軽いものとする（一般的な矢羽根は長さ十五センチ）。

通し矢の羽根は、鴨（かも）の風切りの一番を使用。鴨の羽根は、細く薄く軽い。江戸時代では、この羽根が通し矢に用いられていた。星野勘左衛門の使った矢は羽根の長さ約十・五センチとされるが、佐藤はこれをもう少し短く作った。

三、矢の重さは、一般的なもので二十三～二十七グラムが多いのだが、通し矢では極めて軽くする。

佐藤は、初め十六グラムの軽い矢を作ったが、芦川に試射してもらったところ、百メートルで失速してしまったため、十二グラムまで軽量化したところ百二十メートルを飛ばすことが可能となった。

四、矢尻（やじり）をつけることは、矢が重くなるので通し矢では使用しない。竹の穴の中に竹芯を入れ、矢先を削ることで尖らせる。そのため、天井に刺さったり、床に突き刺さると矢先は破損し使い物にならなくなる。

佐藤は、苦労の結果、均一の「麦粒矢」を五十本以上製作した。一本一本、心を込めて作っていった。佐藤は、江戸時代の矢師の気持ちが分かるような気がした。この矢が、果たして通し矢に有効であるのか？の心配が常に心を悩ませていた。

金剛砂をつけ気合いを込めて矢を磨く小山弓具　佐藤功男矢師

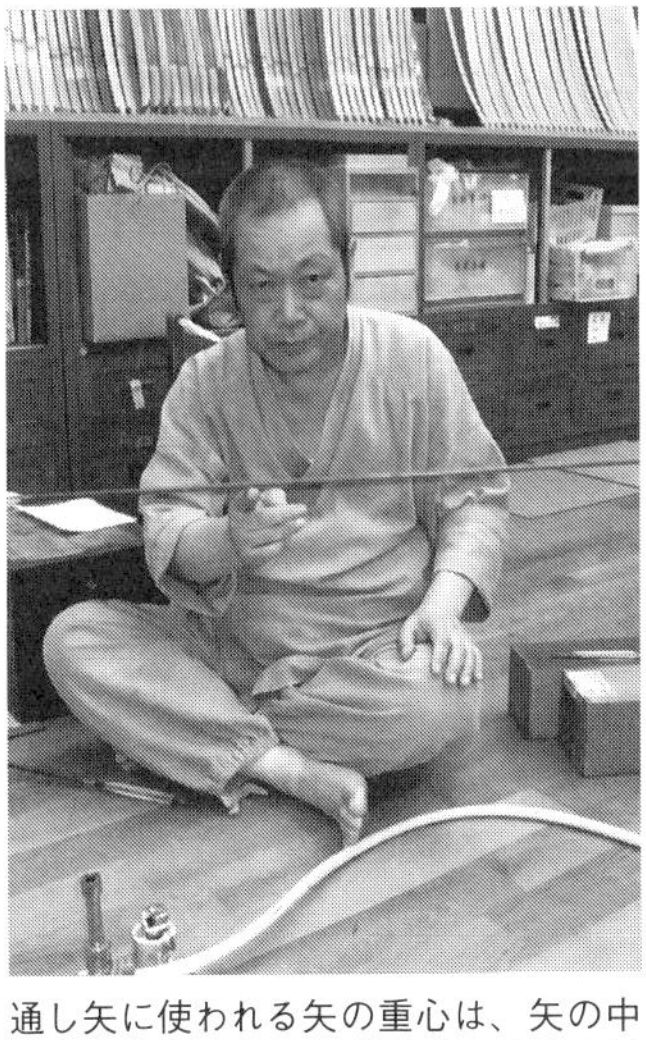

通し矢に使われる矢の重心は、矢の中央より後方にする（一般矢は、中心より前方）

芦川は、二十八歳。強弓を引いてはいるが、通し矢の経験はもちろんのことまったくなかった。そこで、日置流石堂竹林派第十二代　範士八段　岡井満（八十八歳）の元を訪れ、通し矢の指導を願い出た。岡井満は、師　岡内木（石堂竹林派十一代）の指導を受け、昭和期に四回も三十三間堂に上った通し矢の奥義を受け継いだ、通し矢についての日本の第一人者である。

「先生、私は、この度三十三間堂通し矢に挑戦したいと思うのですが、なにぶん初めてのこと。何も分かりませんので、ぜひ先生のご指導を仰ぎたく、参上いたしました。」

岡井は、若者の熱意に心打たれ、今まで通し矢の奥義については誰にも指導したことがなかったが、喜んでこれを引き受けた。八十八歳とはいえ、弓で鍛えた身体は若々しく、白く伸ばした髭（ひげ）が弓の名人の風格を引き立てていた。

「分かりました。私の出来る限りのご指導をいたします。」

早速、岡井は「小口前（こぐちまえ）＝巻藁（まきわら）での近射」を使用して、通し矢のための細かい技法指導を行った。

一、一射ごとに「エイ！」という気合を入れながら放つこと。
一、通し矢は速射が命なので、伸びながら放つこと。
一、姿勢は、小さな腰かけを使い、胡坐（あぐら）をかき行射すること。
一、上半身はもろ肌脱ぎとなり、胸当てと肩当てをつけ行射すること。押手諜（おしでがけ）もすること。

注：本来の通し矢射法は、肩当てに牒をつけた瞬間に放す。

つまり、いつも一定の矢尺を確保しつつ速射できる手法であった。

岡井は自ら巻藁の前に坐し、白く長い髭の先を糸でくくり、それを耳にかけ矢が当らないようにして行射し、見本を示した。押手は伸ばしきらず〝ため〟を作り、離す時に一気に伸び、矢を押し切った。つまり通し矢は、発射の時点でいかにスピードを上げて放ち切れるかに成否がかかっていたのである。その射法は、芦川が学び練習してきた弓道とはまるで異なるものであった。「会」とか、六秒持つとかとはまるで無縁のものであり、速射が命であった。芦川は、筑波大学のグランドで、百二十メートルの通し矢の練習を時間の許す限り行い、「清芳」の弓と「麦粒」の矢を用い、低い弾道の射を身につけることができるようになった。何とか通し矢を成功させる自信がついたのである。

通し矢に使われる矢の羽根は、矢飛びが良いように短くする

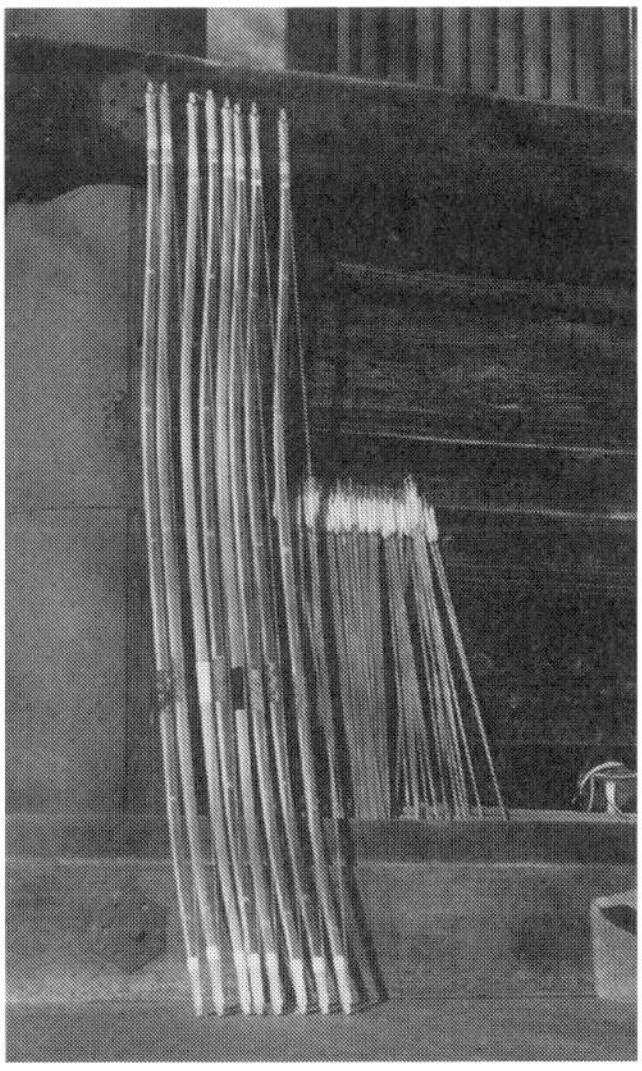

小山弓具店が用意した弓と矢

昭和六十三年一月十五日

プロジェクトチーム五名は、朝早くから準備のため京都三十三間堂に参集した。検証を妙法院御門跡様に依頼。大きな太鼓も用意された。芦川裕一は、三十三間堂の外縁に立ち、辺りの柱に多くの矢の刺さった痕跡を見て、かつて何百人の射手が藩の名誉と自分の命を懸けて行射したであろう姿に思いをめぐらせ、そこに立つ者にしか味わえない感動にひたっていた。

おそらく江戸時代、数十万いや百万以上の武士の夢はこの三十三間堂で奉射する事であったに違いない。堂前に上がる事が、武士の最高の誇りであった。しかし、その藩の許可なしに出来ることではなかった。自分は、その人達にどれだけ近づけるのであろうか。芦川は、不安でいっぱいだった。

又、芦川は三十三間堂の縁に立った時、ある特殊な風を感じていた。百二十メートルの縁の上を巻き込むような風が吹き渡るのである。これが逆風だった場合、矢飛びにとって大いなる敵となったに違いない。江戸時代、定められた日にはたとえ台風であっても行射する決りがあったので、通し矢はこの風が運命を決めることがあったのだ。幸い一月とあって、寒さはあったが風は強くはなかった。

いよいよ行射の時がきて、まわりが静まり返り、緊張のなか第一射が放たれた。その瞬間、弓の弦が切れ、その矢は届くことなくむなしく床に落ちた。次の矢を、介添の筑波大学森俊男は芦川の膝の上に取りやすいよう置いた。用意されていた別の弓を使い二射、三射、矢は失速し床に落ちるばかりであった。

むなしく時間が過ぎて、矢数五十本を超えたが、一本とて通る矢はなかった。弓師の小山も、矢師の佐藤も、不安と苛立ちがつのっていった。弓が悪いのか、矢が悪いのか、一本も通すことが出来ないのか、そんな思いに表情は暗くなるばかりであった。

六十二射目。

気合とともに放たれた矢は、見事百二十メートルを通し、さっと白旗が上がり大きな太鼓の音がドーンと鳴り響いた。思わず、周りの四人から一斉に拍手が起きた。皆、安堵の笑顔があった。ついに一本、通したのである。そしてまた一本、通った。結局、百射して九本を通した。

芦川は次第に慣れ、練習さえ続ければもっと多く射通せる自信が湧いてきたのだった。息詰まる百射がけの末、九本を通したのは、岡井満の指導の元、射手・弓師・矢師のプロフェッショナルな力を総動員したチャレンジ精神の貴重な成果といえよう。

ちなみに、百射の江戸時代の日本一は、天保九年三月十八日に行射した若林泰次郎の九十一本である。若林泰次郎は、明治時代に日矢数でただ一人四四五七本を通した、慶應義塾弓術師範　若林正行の父である。

百射九本の通し矢は、九本しかというのか、九本もというのか、評価の分かれるところであろう。しかし、いずれにしてもこれが昭和の最後を飾る通し矢であり、以後誰も堂に上った者はいない。

毎年、数十万人が訪れるという歴史遺産名所　三十三間堂に通し矢という命がけの行事があった事を知る人は少なくなっているという。本書の取材のため三十三間堂を訪ねた際も、筆者の問いかけに「へえー、そんな歴史があったのですかー！」と驚き応える若者が大多数であった。

コラム

# 通し矢と俳諧大矢数

昨年の事であるが、俳人協会から三十三間堂通し矢についての講演依頼があり、俳句の会であるので俳句に関する内容も入れて欲しいとの事であった。会場は大久保にあるとの事で参上したところ、全国で一万五千人以上の会員を有する俳人協会と分り、名のある先生方も参加されていると言う。

このような時、筆者は話の序章として武士がたしなむべきものとしての武芸十八般の話をさせてもらっている。この言葉はほとんどの人が知っている言葉であるが、その内容を正しく知っている方は実に少ないのである。例えば、クイズ方式で、武芸十八般に序列があり、一番は刀か、弓か、槍かどれですかとたずねると、半分の方が刀、半分の方が弓と分れる。正しくは一番は弓である。昔から、武士道の事を弓矢の道と言ったり、すぐれた武将の事を街道一の弓取りなどと言ったのは、ここからきているわけである。では二番目はと問うと全員が刀と答える。これも正しくない。二番目は馬術である。弓馬術という言葉があるように、弓が名人でも馬術が出来ない武士は二流なのである。ジンギスカンが大帝国を作ったのも、弓と馬によるものであった。三番目も刀ではない。槍術なのである。野戦において刀と槍では槍の方が有利なのである。日本人は吉川英治などの剣豪小説のおかげで、槍より刀が強いとの思いがあるようだ。四番目に剣術がくる。五番目以下は、かならずしも一定でないが、一般的なものをあげておくと次のようにある。

## ◆武芸十八般

中国や日本で武人に必要とされた十八種目の武芸。

日本ではふつう、弓術・馬術・槍術・剣術・水泳術・抜刀術・短刀術・十手（じって）術・銑鋧（しゅりけん）術・含針術・薙刀（なぎなた）術・砲術・捕手術・柔術・棒術・鎖鎌（くさりがま）術・錑（もじり）術・隠（しのび）術をいう。

柔術は十四・五番目にあるが、相撲にいたってはどこにも見当たらない。含針術は、女性が口の中に針を含ませ相手の眼をつぶす術である。「もじり術」は次の図のような武器を使った術で女性が用いたようである。

錑錐

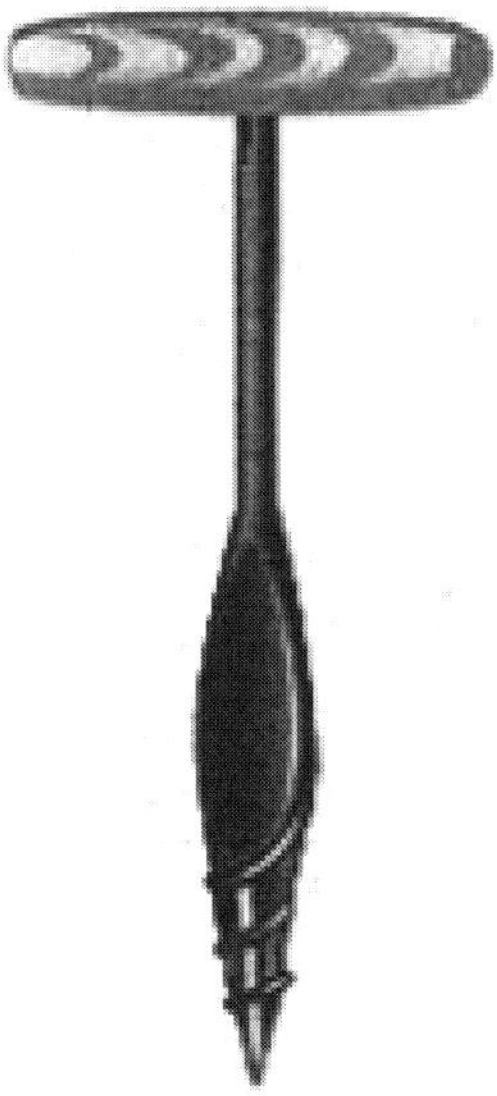

## ◆俳諧大矢数

この内容は俳句の先生方はご存知と思ったが、一般の人もいらしたのであえて話させて頂いた。

江戸時代、平和な時代となり、その中で、日本一を争う通し矢は、武士が藩の名誉と命をかけた競技に変容し、歌舞伎や相撲より人々の心をとらえた文化となり、その影響も文学の世界にみられるようになった。それが西鶴と俳諧大矢数である。

井原西鶴は寛永十九年（一六四二）大坂で生を受け、元禄六年（一六九三）五十二歳で没した作家であり俳人でもあった。

代表的作品には好色一代男などがあるが、十五歳の頃俳諧師を志し、その時俳人としても高い評価を受けるようになった。

延宝三年（一六七五）早朝から夕刻までの間に独吟千句を行った。この千句は三十三間堂の通し矢「全堂千射」を意識したものと思われる。

さらに延宝五年（一六七七）大坂生玉本覚寺において夕刻から次の日の夕刻まで、千六百句の独吟を行った。これは明らかに通し矢の大矢数の影響である。これに対抗し、月松軒紀子が奈良の極楽院において、千八百句を吟じ、何をとばかり仙台の大淀美千風が二千八百句を公開の場で興行した。これに対し西鶴は、延宝八年（一六八〇）に四千句という驚くべき句数を吟じ、矢数俳諧の天下一に終止符を打ったのである。

さらに西鶴はこれに満足せず、貞享元年（一六八四）大坂の住吉神社において三度目の俳諧大矢数にチャレンジし、何と二万三千五百句という驚異的な独吟をなしとげたのである。これは単純計算すると三秒前後で一句作ったことになる。審判員、記録員など五十五名の役員をおいたが、誰も俳句を一句とて記録することができなかったとされる。私見ではあるが、天才的な西鶴は、常日頃、二万句以上作っておいて、それを暗記して発表したと思うのである。いずれにしてもこのような誰も出来ない記録のため、以後誰も俳諧大矢数にチャレンジする者はいなくなった。ちなみに大矢数という言葉を使った俳句も多く見られる。三つほどあげてみると

神誠をもって息の根とめよ大矢数（西鶴）

大矢数弓師親子も参りたる（蕪村）

大矢数是こそ武士のいきどをり（安和）

私も俳句を一時期かじった経験があるので、俳句で季語が大切である事は知っている。しかし、俳諧大矢数を学ぶ前は、大矢数の季語がいつか知らなかった。しかし、参加しておられた俳句の先生方は大矢数の季語は初夏である事を知っておられたのには感動した。つまり、通し矢は陰暦の四月から五月あたりに集中して行われ、俳句の季語となったのである。

最後に、皆様、先生方から一日百句は作れと言われていると思いますが、井原西鶴を見習い、せめて三百句位は作って下さいと申し上げたら、会場大笑いとなり幕となった。

# あとがき

「通し矢」という存在を知ったのは、学生時代に京都三十三間堂において行われた遠的大会に出場した時である。三十三間堂の西外側に今も残る矢傷痕が、私に何かを語りかけてくる気がしたが、その時点では、〝認知と印象〟の域を出るものではなかった。しかし、再訪して矢傷痕を見て執筆の決意を固め、本格的に資料集めを始めると、不思議なことに、実に多くの方々から協力の手が差し伸べられ、想像をはるかに超える資料や文献がもたらされることとなった。

徳田雅彦先生（雲弓）から十数冊の古文書訳、浅田能郎先生からは弓の研究論文に加え「五輪砕之次第」の巻物まで届いた。

東京の「小山弓具」さんからは、昭和最後に実施された「通し矢」の各種資料を頂戴した。その時に実際に使われた「麦粒矢」を見せていただくと共に、「麦粒矢」をわざわざ再現して製作くださり、カメラに収めることができた。

「アサヒ弓具工業」さんでは、ダンボール五箱にも及ぶ弓に関する古文書を見せてくださり、貴重な資料をコピーさせていただいた。

「長谷川弓具店」さんでは、明治時代に三十三間堂通し矢を行った若林正行使用の「碟（ゆがけ）」や「胸当て」を手に取り、子細に観察することができた。

名古屋の「松波佐平弓具店」さんでは、安藤早太郎を描いた極彩色の「東大寺通し矢絵巻物」を見せていただき、当時の通し矢の有り様が手に取るように理解できた。

さらに、松波さんからいただいた、岡井満氏編纂の「京都三十三間堂通し矢・矢数帳」を一枚ずつめくっていくと、たった二本しか奉射しなかった射手、天下一を成し遂げても次の日には記録を破られた射手等、名前と所属藩、矢数と、通し矢の記録しか記録されていない「矢数帳」ではあるが、そこから様々なドラマの存在が思い浮かんできた。矢数帳のあちこちから、「自分のことを書いてほしい」と囁かれているような気がしてならなくなった。

高校生にも分かりやすいように、江戸初期から昭和期に至る通し矢の歴史を、「人物伝」「技術論」「各流派史・流派特性」「幕藩体制」等を織り交ぜながら、資料が戦災等で焼失して極めて乏しいものは、かすかな史実を〝想像〟という糸で紡ぎつつ、列伝小説（秘話）として纏めてみた。

そのため、各章ごとに一貫性がないことと、文章の拙劣さはお許しいただきたい。ただし、史実や事実に関しては、出来るだけ出典を明らかにするよう努めた。列伝に出てくる名人達の通し矢の「記録」は、全て矢数帳に明記された数字のままである。

各通し矢の名人達の家系図を調査すると、父親や男子の子供の名前は記されているのに、母や妻、女子の名前はどこにも見当たらない。江戸時代、いかに女性が軽視されていたかが推察されるが、そのため、本書列伝に登場する女性達の名はすべて架空で、私の弓の教え子や知人達の中から選んだものである。

「通し矢」の取材と調査からは新しい発見も多く、いくつかの謎が解明されたが、一方で新たな謎も生まれたりした。

星野勘左衛門の三百五十人にも及ぶ弟子の筆頭に、赤穂浪士の早水藤左衛門の名を見つけた時、私は忠臣蔵完全勝利の謎が解けた気がした。

蓮華王院・三十三間堂が国宝となっている現在、通し矢が再現される可能性は低い。三十三間堂通し矢の歴史も、次第に忘れ去られていく運命なのかもしれない。しかし、江戸時代の武士たちが命を懸けて取り組んだ通し矢は、その功罪は多々あろうとも、その事実は我々に数々の示唆を与えてくれる。「歴史から未来を学べ」の言葉どおりである。

日本一を勝ち取った勝者も、その半数以上が最終的に不幸な結末を迎えているという事実も、人の一生の在り方に思いを致されることとなった。

「弓道は継続の芸術」と言われるように、我々の数百倍、数千倍もの矢数をなした名手達の射は、時の儒学者の言葉どおり「不朽の美」を醸（かも）し出していたことは間違いない。

円山応挙も通し矢の美を絵に描いている。

通し矢も相撲とともに神事として始まった。その心は、大的競技（遠矢）として今なお息づいている。

本書を書き上げるにあたり、多くの友人や教え子達の協力があった。

なかでも最もお世話になったのは、私が担任したクラスの卒業生であり、中学時代の弓の教え子でもある円谷洋一氏である。現在、私と一緒に中学生の弓の指導をしていただいている。この環境の中で、私との間に子弟の関係が再構築された。化石のような私は、いまだに手書き原稿しか記すことができないので、これを文章データに加工してくれたのみならず、取材・資料集めにも奔走してくれた。さらに、ときどき落ち込む私を励まし続けてくれた彼のお蔭で脱稿することが出来た。

弓道の友人飯島稔凱氏には、何度も校正をしていただいた。

一日に一ページずつ書けば一年で終わる、と考えたのは甘かった。一日も休まず机に向かうようにしたが、足かけ五年の歳月を要した。

そして、これらの内容を日本弓道連盟発行の「弓道」誌に約二年間にわたり連載させていただいた。このようなチャンスを与えてくださった編集長の江口和幸さんに感謝している。

また、お忙しい中にもかかわらず推薦文をしたためてくださり、「通し矢の歴史とその栄誉を担った武芸者達の顕彰碑」とのお褒めの言葉を賜った、三十三間堂本坊・妙法院門跡門主　菅原信海様にも厚く御礼申し上げます。

挿絵は、友人や現役中高生の弓の教え子達の作品が全てである。

資料を提供いただいた方々、本の完成に協力いただいた全ての方に、心より感謝申し上げます。

最後に、この度の出版にあたり、出版を引き受けていただいた株式会社ギグ・浅野氏及びメイツ出版株式会社様に厚く御礼申し上げます。

（敬称略）

表紙イラスト　Ｙｕｍｉｋｏ・Ｙｏｓｈｉｏｋａ

字　島貫武彦

校正　円谷洋一　飯島稔凱

挿絵　夏目明彦　大塚志郎　松永澪奈　井出文蔵　小関友里恵　清水憲彬　山崎雄介　芹澤　馨

資料提供　妙法院　佐藤宗男　徳田雅彦（本多流奥伝）　浅田能郎　魚住一郎　浜田敏男

協力　大澤輝嘉　篠原季次　渡部芳正　小林善信　山中恒夫　大石神社（赤穂市）　アサヒ弓具工業　小山弓具　長谷川弓具店　松波佐平弓具店　三田弓友会　駒木銀三郎　野口祥一　若林誠二　畝本　求　川島俊之　室　俊夫　瀬下勝彦　寒川泰壽

執筆協力　岩本弘美　馬越佳代子　金光美奈　湯浅絵里佳　阿部純子　三村昌輝　伊藤さえ子ほか

平成二十九年夏

高柳　憲昭

## 参考資料・文献（順不同）


岡井満　編纂「三十三間堂通し矢・矢数帳」
入江康平『堂射』第一書房
『大百科事典』平凡社
「南紀徳川史」
「庄内人名辞典」
「庄内酒井家御旧記」
「大泉紀年」（庄内資料集4）
中台元「庄内人物誌」（鶴岡市郷土資料館）
「新編　庄内人名辞典」（庄内人名辞典刊行会）
「名古屋市史人物編　第二」
「長屋系図、尾張藩武術師系録」
「祖公外記録」
「肘学標的全」（小沼家蔵本）
「翁草」（名古屋市史人物編・第一弓術）
藤本清二郎『紀州藩主徳川吉宗』吉川弘文館
「赤穂義士資料」（中央義士会編）